오! 마이 갓!

주님과 함께 걷는 길 | 아침의 기도

― 이강 지음 ―

쿰란출판사

오!
마이갓!

추천사 1

복된 길잡이

오!
마이 갓!!...

일상 속에서,
특히 현장에서 큰 깨달음을 갖게 될 때
"아...
하나님께서...
나의 하나님께서 함께하시는구나..."
순간순간 마음속에 큰 위로를 받곤 합니다.

그런데,
그 동일한 마음들을
오랜 선교 경험과 말씀을 통해,
재확인해 주시는 이강 목사님의 묵상 글은
생각과 마음속에서만 맴도는 것을 떠나,
무릎을 탁 치게 하는
확신과 행동으로 옮기게 하는 결단을 주시곤 하였습니다.

동일하게

교회 안에 머무는 신앙생활,
사역 현장 안에 머무는 선교사역의 지경들이
본 묵상집을 통해,
행동하는 신앙인으로,
본질을 붙잡아
그 지경을 가꾸고, 넓혀 가실 수 있는,
작지만, 큰 외마디 깨달음으로 다가가,
주님과 동행하는
복된 길잡이가 되었으면 좋겠습니다.

2020년 1월
인도 선교사(기감)
조 남 중

추천사 2

사막의 오아시스

34세에 예수님을 영접하고, 주님을 열심히 알아가고 있던 때, 이강 목사님께서 우리 파송교회에 부흥회 인도차 오시면서 목사님과의 아름다운 만남이 시작되었습니다.

그 부흥회에서 목사님이 전해주신 말씀을 통하여, 우리는 선교의 비전을 품게 되었고, 그 비전이 이루어져 이렇게 스리랑카에서 9년째 사역하고 있습니다. 이 모든 것이 하나님의 세밀하신 계획과 인도하심이라 믿습니다.

늦은 나이에 선교지로 나왔기에, 좀 늦었다는 생각에 지난 9년 동안 쉼 없이 달려왔습니다. 그래서 부족하지만 영혼 구원의 아름다운 열매들도 맛볼 수 있었습니다. 하지만 그렇게 달려온 시간에 비례하여 영적인 믿음의 샘은 고갈되었습니다.

마음에 감사가 사라지고, 입에서는 불평과 불만의 말들이 나오고, 무엇보다도 온 마음으로 사랑해야 할 스리랑카 영혼들이 미워지기 시작했습니다. 그때서야 선교사에게는 다른 그 무엇보다도 중요한 것이 영적인 재충전임을 저희는 깊이 깨닫게 되었습니다.

영적인 재충전(안식년)의 시간이 절실히 필요했지만, 진행 중인 여러 사역들이 있었고, 현지 동역자들이 아직 든든히 세워져 있지 않아서 안식년을 갈 수가 없었습니다. 그래서 나름대로 기도와 말씀 묵상 시간을 가지며 노력했지만, 바닥을 드러내기 시작한 영적인 믿음의 샘을 다시 채우기에는 역부족이었습니다.

그때 목사님께서 새벽 묵상 말씀을 저희에게 보내주기 시작하셨는데, 그 말씀은 사막의 오아시스와 같았습니다. 목사님의 꿀송이같이 달콤한 말씀을 통하여, 영적으로 많이 충전되어 오늘도 기쁨과 감사함으로 복음 사역을 감당하고 있습니다. 이 또한 살아 계신 하나님의 세밀하신 인도라 믿습니다.

《오! 마이 갓!》 이 책을 통하여, 영적인 믿음의 샘이 고갈된 많은 크리스천들이 재충전되어, 하나님이 기뻐하시는 전도와 선교와 구제에 힘쓰시는 살아 있는 믿음의 삶을 살아가시길 주님의 이름으로 기도합니다.

2020년 1월
스리랑카 선교사
최 선 봉

추천사 3

날마다 새로운 양식

감사합니다. 목사님~
목사님을 만나게 하신 하나님을
찬양하며 감사합니다.
너무너무 사랑합니다.

매일 보내주시는 묵상 말씀을 통하여
언제부터인지 그 한마디의 기도를 따라 기도하며,
잔잔하게 다가오는 본문의 묵상 말씀을 붙잡고 하루를 살아가며,
선교지에서 날마다 새로운 양식으로 채워주시는
하나님의 임재 속에 있음을 감사드립니다.

《오! 마이 갓!》 묵상집이 출간됨을 축하합니다.

《오! 마이 갓!》은 파편화되고 주관화된 말씀 묵상의 폐해를 뛰어넘어 모든 말씀을 예수 그리스도의 하나님 나라 복음 안에서 묵상할 수 있도록 돕는 묵상집입니다.

광야와 같은 인생 길에서

《오! 마이 갓!》은
과거의 은혜를 기억하는 묵상,
일상 속에 하나님의 돌보심을 깨닫는 묵상,
모든 상황 속에 존재하는 하나님의 목적과 섭리를
보는 묵상을 하게 합니다.

할렐루야!

2020년 1월
아프리카 말라위 선교사
최 재 노

머리말

하나님의 잔소리

오! 마이 갓!

어렸을 때 아이들은 부모님의 잔소리를 듣고 자랍니다. 조금씩 커가면서 어느 순간부터 그 잔소리를 듣기 싫어합니다. 그 잔소리에 은근히 반항할 때도 있습니다.

그런데 그 잔소리는 열심의 표현입니다. 부모님의 그 열심을 우리는 먹고 자란 것입니다. "일찍 일어나거라. 세수했느냐? 이 잘 닦아라. 인사 잘해라. 차 조심, 사람 조심해라. 모르는 사람이 말 걸면 피해라...열심히 공부해라..."

수도 없이 잔소리를 들으면서 자녀는 자라납니다. 그런 부모님의 열심이 있었기에 자녀는 바르게 클 수 있었습니다. 성장한 후, 결혼하면 아내의 잔소리를 들으며 살아갑니다. 열심의 표현을 전수 받은 것입니다.

나이가 먹은 후 부모님을 잃거나 불행을 겪어 배우자를 먼저 하늘나라로 보낸 사람들은 그 잔소리를 그리워하며 살아갑니다. 그 잔소리는 바로 사랑과 열심의 표현이었음을 깨닫습니다.

하나님은 우리의 아버지십니다. 열심을 품으신 아버지십니다. 하나님도 잔소리를 하셨습니다. "바알 제단을 헐어라. 아세라 상을 찍어라. 대적과 싸울 군사의 숫자가 너무 많다, 줄여라. 적 진영으로 들어가 봐라…"

"물질에 빠지면 망한다. 음녀를 조심하라. 마귀를 대적해라. 명예를 좋아하면 세상의 유혹에 넘어진다. 하나님의 전신갑주를 입으라. 서로 사랑해라…"

이런 잔소리처럼 들리는 말씀을 끝도 없이 하시는 하나님의 열심이 있기 때문에 우리는 하나님의 사람으로 점점 성숙한 것입니다. 이사야 선지자는 이것을 "만군의 여호와의 열심이 이를 이루시리라"(사 9:7)고 말씀합니다.

십자가에 달리시기 얼마 전 마가의 다락방에서 우리 주님은 마지막으로 제자들을 모으시고 자신이 떠난 후를 위해 가르치십니다. 이미 하셨던 말씀을 반복적으로 하시는 주님의 가르침을 의아해 하면서 제자들은 마치 "잔소리"처럼 듣습니다.

"내 안에 있으라. 나는 포도나무요 너희는 가지라. 가지가 나무에 붙어 있지 않으면 죽는다…붙어 있어야 열매 맺는다…내가 떠나는 것이 너희에게 유익이다. 다른 보혜사께서 오신다."

도대체 알아듣기 어려운 말씀을 잔소리처럼 듣던 제자들은 침울한 마음마저 들기 시작합니다. 약간은 비아냥대듯 묻던 제자도 있었습니다.

"우리에게 하나님을 보여주소서. 그러면 족하겠나이다. 주님이 가시는 그 길 우리가 알지 못하는데 어찌 우리더러 간다 하십니까?"

하나하나 열심을 다해 알려주시던 우리 주님...드디어 마침내 잔소리(?)를 마치십니다. "이것을 너희에게 이르는 것은 너희로 내 안에서 평안을 누리게 하려 함이라 세상에서는 너희가 환난을 당하나 담대하라. 내가 세상을 이기었노라."

주님의 잔소리는 바로 우리 주님의 사랑과 열심의 메시지였습니다. 주님이 십자가에 달리신 후 보혜사 성령이 오신 후에야 그 메시지가 잔소리가 아니라 생명의 말씀임을 알게 됩니다.

미국에서 오랫동안 거주하며 목회를 하다 영어 표현에 성경에 나온 원래의 의미를 희석시키고 전혀 다른 의미로 사용하는 사례들을 발견하며 의아했습니다.

"지저스"는 분명 우리 주님의 귀한 이름이며 그 이름을 부를 때에 구원이 임하며 엄청난 축복이 임하는 이름인데 전혀 걸맞지 않게 "맙소사!"라는 표현으로 쓰이고 있습니다.

게다가 "지저스 크라이스트!"까지 붙여서 표현을 극대화합니다. "오 마이 갓!"도 마찬가지입니다. 원래 성경에서 이 표현은 도마가 한 신앙 고백이었습니다.

예수님의 부활을 의심하던 도마가 부활하신 예수님 손의 못자국과 옆구리의 창자국을 만졌을 때, 그의 입에서 저절로 터져나온 "나의 주 나의 하나님이여!"라는 신앙 고백입니다.

이러한 신앙 고백의 성경적 배경은 언제부터인가 도외시되고 그냥 평범한 대화 속에서 마치 "이럴 수가" 하는 식의 표현에 "오 마이 갓!"이 쓰여지기 시작한 것입니다.

매일 아침 말씀 가운데 주님과 만나면서 주님의 음성을 들으면서 어느 순간 "나의 주! 나의 하나님이여!" 하는 고백이 터져나오는 체험을 하면서 "오! 마이 갓!" 하고 탄성을 터뜨리기 시작했습니다.

"이럴 수가!" "어찌 주님께서 이런 말씀을 여기에 숨겨두고 계셨는가?" 하고 보배를 캐내는 날도 있었습니다. 그래서 매일 기도문에 "오 주여! 나는 부족하여도"를 사용하기 시작하였습니다.

아침 일찍 일어나 제단을 쌓고 주님 앞에 기도하던 여호수아처럼 제 자신 너무 연약하고 부족하기에 주님의 지혜를 간구하던 모습과 고백이 《오! 마이 갓!》에 담겨 있습니다.

지난 2년에 걸쳐 매일 아침 카톡으로, 네이버 밴드로 묵상을 나누던 '가득한 교회' 식구들과 주변의 많은 분들의 격려와 응원의 댓글 그리고 늘 새로운 깨달음으로 함께 해주시는 주님께 모든 감사와 영광을 돌립니다.

2020년 1월
마틴스빌 마을에서
이 강 목사

차례

추천사 _ 조남중 인도 선교사(기감) ··· **04**
　　　_ 최선봉 스리랑카 선교사 ··· **06**
　　　_ 최재노 아프리카 말라위 선교사 ··· **08**

머리말 ··· **10**

1부
오늘이라는 선물

얼굴 **18** / 내일이라는 열매 **20** / 뒷골목 **22** / 낙서 **24**
기도에 깨어 있으라 **26** / 오늘이라는 선물 **28** / 눈물의 파워 **30**
대필해준 편지 **32** / 하나님의 부탁 **34** / 그 이름 **36** / 가을 속으로 **38**
위기에서 기회로 **40** / 무엇을 원하는가? **42** / 찬양 좋아하십니까? **44**
두 가지 믿음 **46** / 마음이 뜨겁지 아니하더냐? **48** / 내가 처한 곳에서 **50**
예배자의 삶 **52** / 로렌스 형제와 최춘선 할아버지 **54** / 휘파람 **56**
'~지라도'의 신앙 **58** / 아나니아의 안수 **60** / 실버 미션 **62**
Sorry Christmas! **64** / 미아 신고서 **66** / 빈 들에서 외치는 소리 **69**
찬양의 능력 **72** / 아침마다 새롭게 **74** / 성탄의 은혜 **77** / 신앙의 계보 **80**
Finding Jesus(예수를 찾아서) **83** / 좋은 것을 넘어 위대함으로 **86**
두 가지 생명 **88** / 중심을 보시는 하나님 **91** / 염려의 처방 **93**
너희도 가려느냐 **96** / 사랑의 안경 **99** / 바라는 것들의 실상 **102**
'이미'와 '아직'의 사이 **105** / 채워 주소서 **107**

2부
매일 얻는 보물

탄식에서 찬양으로 112 / 성령의 인도 116 / 우리를 더럽히는 것들 119
하나님이 기뻐하는 금식 122 / 하나님의 가죽옷 125 / 영상 편지 128
가만히 있어! 131 / 진정한 소망 134 / 지혜로운 사람 137
기도의 내공 140 / 주님과의 식사 143 / 매일 얻는 보물 146
열세 번째 제자 149 / 세미한 소리 152 / 인생의 지우개 155
하나님의 안전장치 157 / 동정과 체휼 160 / 무(無)조건 만남 163
마늘 냄새와 믿음 냄새 166 / 세 가지 처방 169 / 재미와 의미 172
마음의 열매 175 / 하나님의 전략 178 / 주께 하듯 181 / 보우하사 184
내가 너희를 사랑한 것같이 187 / 사라진 은컵 190 / 꿀떡 192
행복한 사람 194 / 삶은 달걀 197 / Take it slow(신중한 대응) 200
몸살과 영살 203 / 친구 206 / 저 낮은 곳을 향하여 208
실뭉치와 실마리 211 / 처방전 214 / 반전의 은혜 217 / 너는 여기까지 220
사랑의 색깔 223 / 부탁해요 226

3부
꿈의 대화

파격 230 / 거짓말 233 / 의리 236 / 성령의 비 239
움켜쥔 손을 펴라 242 / 묵상: Be there(그곳, 그 상황, 그 감동)의 경험 245
노다지 249 / 그 나라 꿈꾸게 하시네 252 / 꿈의 대화 256
성령의 탄식 260 / 도우시는 분 263 / 자기애(自己愛) 266 / 이식 수술 269
예수의 영 272 / 립서비스 275 / 터널 비전 278 / 사랑을 하면은 281
동반자 284 / 두 노인 287 / 마음의 미학(美學) 290 / 약수동 로터리 293
피스 메이커 296 / '조금만 더'의 차이 299 / 택한 그릇 302
통 큰 간구 305 / 너희가 (되어) 주라 308 / 자백 311
거짓 없는 믿음 314 / All in(올인) 317 / 이웃 320 / 새 하늘과 새 땅 323
유혹 326 / 언약 백성 329 / 십자가 332 / 썩은 동아줄 335
기억상실 338 / 율법의 완성 341 / 와디 344 / 겉사람과 속사람 347

1부
오늘이라는 선물

성경에 말씀하신 하나님의 과거(His-story)는 이미 약속된 확실한 우리의 미래입니다. 우리는 물거품처럼 사라질 우리의 생각과 상상 속에서 그리는 미래가 아니라 확실한 약속 가운데 보장된 미래를 꿈꾸며 오늘이라는 현실을 살아가는 사람들입니다.

얼굴

시 80:3 "하나님이여 우리를 돌이키시고 주의 얼굴빛을 비추사 우리가 구원을 얻게 하소서"

"동그라미 그리려다 무심코 그린 얼굴 내 마음 따라 피어나던 그때 하얀 꿈을…." 수년 전 한국에서 밥딜런같이 인기를 끌던 박인희 씨가 불러 인기를 모았던 노래입니다. 마음의 그리움을 음유시로 잘 표현해서 큰 울림이 있던 곡이었습니다.

어릴 때 엄마 아버지의 모습을 그려보라던 초등학교 미술시간이 기억납니다. 아버지의 모습은 그 당시 유행하던 중절모를 쓰신 모습으로 그렸고, 어머니의 모습은 꼭 파마머리로 꼬불꼬불하게 그렸습니다.

하나님의 얼굴을 그려보라면 어떻게 그릴 수 있을까요? 가만히 웃고 계시는 인자하신 할아버지의 모습으로 그릴까요? 아니면 혼을 내며 벌을 주시던 중학교 때 영어선생님의 화난 얼굴로 그릴까요? 박인희 씨의 노래처럼 "내 마음 따라 피어나는 모습"이라 할 수 있을 것입니다.

평소에 하나님의 얼굴을 구하는 삶을 사는 사람은 구체적으로 자신만의 하나님의 얼굴을 그릴 수 있을 것입니다. 다윗은 성전에 들어갈 때마다 주의 얼굴을 마음에 그렸다(시 63:2)고 고백하고 있습니다.

오늘 우리는 주님의 모습을 어떻게 그리고 있나요?

내일이라는 열매

> 요 15:16 "내가 너희를 택하여 세웠나니 이는 너희로 가서 열매를 맺게 하고 또 너희 열매가 항상 있게 하여…"

성경에서 하루의 개념은 세상의 하루 개념과 다릅니다. 보통 상식으로는 아침이 되면 하루의 시작이고 저녁이면 하루의 마침인데, 성경은 이것을 거꾸로 뒤집어 놓고 있습니다.

"저녁이 되며 아침이 되니 이는 첫째날이니라"(창 1:5).

아침은 빛이요 시작이며 희망의 상징입니다. 그러나 저녁은 어두움과 종말을 의미합니다. 왜 성경에서는 하루를 아침으로 마칠까요?

인생의 하루는 마치 신기루를 잡듯 살아가지만 결국은 캄캄한 죽음의 저녁을 향해 가고 있는 시한부 인생입니다. 그러나 성경은 내일을 보게 만듭니다. "저녁이 되고 아침이 되니 첫째날이니라…"

예수께서 "이 성전을 헐라 사흘 안에 다시 일으키리라" 하신 것도 부활의 내일을 보았기 때문입니다. 사도 바울이 자신 있게 복음을 위해 인생을 투자한 것도 영광스러운 내일을 보았기 때문입니다. 오늘 이 육신이 죽어도 내일은 반드시 영생으로 부활한다는 것을 믿기에 우리가 감사하는 것입니다.

내일 비가 올 것인가, 안 올 것인가가 아니라 비가 오는 내일, 구름 한 점 없는 내일, 찬란한 내일을 믿음으로 보는 것입니다. 그래서 내일은 믿음의 열매입니다. 엘리야는 3년 반이나 비가 오지 않은 그날, 손바닥만 한 구름을 보고 믿음으로 비가 내리는 찬란한 내일을 보며 "왕이여 빗소리가 들리니 내려가십시오" 하고 자신 있게 말했습니다.

주님은 우리를 선택하시고 열매 맺게 하셨다고 말씀합니다. '내일이라는 열매'를 보라고 하십니다. 이것이 아침이 되며 저녁이 되는 하루를 사는 사람과 저녁이 되며 아침이 되는 하루를 사는 사람의 차이입니다.

뒷골목

겔 36:25 "맑은 물을 너희에게 뿌려서 너희로 정결하게 하되"

청년기 군에 입대하기 전 몇 달 간을 할 일 없이 빈둥대며 명동 뒷골목을 종일 쏘다니던 시절이 있었습니다. 마치 그곳에 모든 인생이 있고 낭만이 있는 듯 뒷골목을 사랑하고, 젊음의 모든 멋이 그곳에 모여 있다고 여겼던 시절이었습니다. 그 후 몇십 년이 지난 후 그곳을 방문했을 때, 그곳은 단지 지저분하고 정돈이 안 된 세계 여느 도시의 뒷골목과 같은 풍경이었습니다.

정도의 차이는 있지만 선진국이든 후진국이든 관계없이 여러 나라를 여행하면서 느낀 것이 있습니다. 잘 정돈된 큰길과 아무렇게나 방치되어 있는 뒷골목은 큰 차이가 있다는 사실입니다.

경제대국으로 발돋움하고 있는 중국의 경우 현대화된 베이징과 상하이의 도시 모습은 미국이나 유럽의 어느 도시보다 더 화려하지만 그 뒷골목은 아직도 지저분합니다. 똑같은 도시 내에 선진국과 후진국의 모습이 공존하고 있는 것입니다.

베이징 변두리 뒷골목은 아직도 화장실의 오물이 그대로 방치

되어 있어 겨울에는 곡괭이로 광산을 캐듯 오물을 수거하는 것을 볼 수 있고, 신강성 우루무치의 시장바닥은 그 옛날 남대문이나 경동시장보다 더 지저분하고 냄새가 나서, 고소하게 굽는 양고기 냄새와 함께 어우러져 이국적인 정취를 만들어내는 곳이기도 합니다.

스코틀랜드 에든버러의 뒷골목에는 그 옛날 화장실이 없는 이층집에서 아침이면 요강 단지의 오물을 창밖으로 그냥 쏟아 부었습니다. 온종일 오물 냄새가 진동하게 만든 곳을 close(좁은 골목)라고 칭하고, 아침에 그곳을 지나려면 항상 건물로부터 멀리 떨어져 걷는 것이 '지혜의 근본'이라는 웃지 못할 이야기가 있는데, 그것이 바로 뒷골목의 이야기입니다.

우리 신앙의 뒷골목의 모습은 어떻습니까? 교회에 와서 경건한 모습으로 기도하고 찬양하는 우리의 모습이 신앙생활의 전부입니까? 인생의 뒷골목에서 허물과 죄와 상처로 아파하고 신음하고 던져진 채 흐트러진 모습으로 나뒹구는 다른 모습이 있지는 않습니까?

정비해야 하는 우리 삶의 뒷골목에 주님께서 오시기 원하십니다. 맑은 물을 뿌려 정결케 하기를 원하십니다. 그것이 임마누엘(God with us)이란 이름에 담긴 우리 주님의 소원입니다.

낙서

> 롬 1:20 "창세로부터 그의 보이지 아니하는 것들 곧 그의 영원하신 능력과 신성이 그가 만드신 만물에 분명히 보여 알려졌나니"

호주의 멜번에 가면 낙서로 일약 유명해진 골목이 있습니다. Hosier Lane(호시어 레인, 일명 미사거리)라고 소지섭 씨가 주연한 '미안하다 사랑한다'라는 한국 드라마의 배경으로 더 유명해진 골목이기도 합니다.

동유럽이나 남미 과야킬의 여느 골목과 별로 다를 바 없는, 바둑돌이 아닌 자연석 돌로 바닥이 되어 있는 골목일 뿐입니다. 그런데 왜 그렇게 유명할까요? 바로 낙서 때문입니다. 'graffiti'(그래피티)라고 해서 낙서도 예술적 감각이 있는 그림으로 연출하면 유명해진다는 실례를 보여준 골목입니다.

이웃 나라인 뉴질랜드의 Christchurch(크라이스트처치)라는 도시에서 얼마 떨어지지 않은 곳에는 〈The Lord of The Rings〉(반지의 제왕)라는 영화를 촬영한 장소가 있습니다. 이보다 더 유명한 휴양지는 남섬입니다. 장엄함과 고요함이 어우러져 있는 자연의 최고 아름다움을 그대로 노출시킨 하나님의 낙서입니다.

사도 바울은 "하나님을 알 만한 것이 그들 속에 보임이라 하나님께서 이를 그들에게 보이셨느니라"라고 했는데, 현대적 표현으로 말을 바꾸면 "하나님의 낙서를 보고 그분을 알라"는 것입니다. "피조물을 조물주보다 더 경배하고 섬기는"(롬 1:25) 어리석음을 범하지 말라는 것입니다.

이번 가을에는 다시 한번 가까운 베어 마운틴에 가서 단풍 관광을 보며, 하나님의 낙서를 보고 그분을 찬양하고 싶습니다.

기도에 깨어 있으라

골 4:2 "기도를 계속하고 기도에 감사함으로 깨어 있으라"

지금도 잊지 못하는 간증이 있습니다. 목회 초기에 섬기던 교회에서 하나님의 놀라운 은혜를 체험한 어느 집사님 이야기입니다. 이분의 소원은 무릎을 꿇고 하나님께 기도하는 것이었습니다. 교통사고 후 무릎을 굽히지 못하는 것이 예수님을 믿고 나서 제일 아쉽다는 것입니다.

그날 참여한 모든 분들과 함께 이 문제를 놓고 기도했습니다. 한참을 기도한 후 그분을 강대상으로 초대하고 무릎에 손을 얹고 기도했습니다. 그날 이후 집사님은 무릎을 꿇을 수 있게 되었습니다.

너무나 감사해서 그분은 그날 잠을 이루지 못했습니다. 무릎을 계속 꿇어보며 감탄했고, 한 주간 어떻게 지냈는지 모를 정도로 하나님의 은혜에 감사하며 지냈습니다. 금요 기도회에 나와 성도들 앞에서 간증도 했습니다. 그런데 문제는 그 다음날이었습니다.

토요일이어서 바빴는데 오후 6시경에 사업장에 권총강도가 들었습니다. 두 명의 강도가 권총을 내밀며 그날 매상을 다 털어갔습니다. 그 위험한 순간 권총 앞에 두 손을 치켜든 집사님의 심정이 의외로 태연하여 담담하게 기도가 나오더라는 것입니다. 지금 당하고 있는 일이 마치 남의 일처럼 느껴졌습니다. 강도들이 돈을 갖고 떠났을 때도 오히려 마음이 편하고 감사가 입에서 나왔습니다. 도대체 이해할 수 없고 알 수도 없는 기쁨이 솟는 걸 느꼈습니다.

사건이 터진 저녁, 그는 그렇게 느끼는 자신의 감정이 더 이상해서 자신이 왜 그렇게 그냥 기쁘고 감사할까 의아할 지경이었습니다. 그래서 계속 스스로에게 묻고 있었습니다.

'기도에 깨어 있으라'는 사도 바울의 말씀이 더욱 실감나게 다가온 간증이었습니다.

오늘이라는 선물

계 21:5 "보좌에 앉으신 이가 이르시되 보라 내가 만물을 새롭게 하노라"

The past is a history(과거는 역사입니다).
The future is a mystery(미래는 신비입니다).
Today is a gift of God(오늘은 하나님의 선물입니다).
That is why we call it the present
(그렇기에 오늘을 'present'라고 부릅니다).

우리 모두는 오늘이라는 시간을 살아갑니다. 그러나 오늘을 살면서 너무나 많은 사람들이 과거에 얽매인 채 살거나 지나치게 미래의 꿈을 추구하는 미래의 삶을 삽니다.

오늘의 시간에 과거의 삶을 사는 이유는 과거에 받은 상처와 아픔을 오늘이라는 시간 속에서도 계속 어루만지며 살거나 과거의 영광에 집착하기 때문입니다. 오늘의 시간에 미래의 삶을 살아가는 이유는, 오늘의 힘든 현실을 도피하기 위해 아직 현실화되지 않은 세계의 환상을 지나치게 즐기려 하기 때문입니다.

하지만 우리는 현재를 살아야 합니다. 오늘은 우리에게 주어진 새로운 시작이며 하나님의 선물입니다. 오늘 최선을 다하는 사람은 과거에 최선을 다했던 사람이자 다가올 미래에 최선을 다할 사람입니다. 우리는 주어진 오늘의 시간에 최선을 다하는 자신의 모습을 보며 즐거워해야 합니다.

성경에 말씀하신 하나님의 과거(His-story)는 이미 약속된 확실한 우리의 미래입니다. 우리는 물거품처럼 사라질 우리의 생각과 상상 속에서 그리는 미래가 아니라 확실한 약속 가운데 보장된 미래를 꿈꾸며 오늘이라는 현실을 살아가는 사람들입니다.

그래서 우리 주님은 이렇게 말씀하십니다.

"너희는 이렇게 기도하라…뜻이 하늘에서 이루어진 것같이 땅에서도 이루어지이다"(마 6:9-10).

하늘에서는 이미 (과거) 이루어진 뜻이 땅 (우리의 현재)에서는 아직 (미래) 이루어지지 않았기에 오늘이라는 이 시간, 현재에 충실하며 주님께 간구하며 살아가라는 당부이십니다.

오늘 최선을 다하는 사람은 '인생에 있어 오늘이 가장 즐거웠다'고 고백할 수 있습니다. 그리고 그러한 하루하루가 묶여 축복된 인생으로 이어집니다. 오늘은 새로운 시작이며 하나님의 선물입니다.

눈물의 파워

 "경건한 사람들이 스데반을 장사하고 위하여 크게 울더라"

찰리 채플린만큼 인생을 깊이 있게 연기로 표현한 배우도 없을 것입니다. 코미디언이었던 그의 말 중 하나가 "인생은 가까이서 보면 비극이지만 멀리서 보면 희극이다"입니다.

허름하고 헐렁한 바지에 짧은 콧수염을 하고 전 세계인을 웃음과 감동의 도가니로 몰아넣은 채플린은 그의 창의력과 인생에 대한 깊은 터치로 관객들이 웃으면서 눈물을 흘릴 수밖에 없게 한 진한 페이소스로 유명한 코미디언이요, 배우입니다. 그래서 그는 이렇게 말합니다.

"나는 비극을 사랑한다. 비극의 밑바닥에는 언제나 어떤 아름다운 것이 있기 때문이다."

우리 눈에 눈물이 있지만 그 속 깊은 곳에 기쁨이 있는 것이 복음으로 누리는 은혜입니다. 그래서 눈물은 파워가 있습니다. 우리의 삶이 쉽지 않더라도 그 속 깊이에 기쁨이 담겨져 있는 것이 주님과 함께하는 삶입니다.

눈물은 부끄러운 것이 아닙니다. 성경에는 예수님께서 웃으셨다는 기록은 없지만 우셨다는 기록은 있습니다. 눈물을 흘릴 만한 일에 눈물을 흘릴 수 있는 사람이야말로 정말 용기 있는 사람입니다.

교회에는 눈물이 있어야 합니다. 예배의 감격에 울고, 하나님의 은혜 때문에 울고, 용서를 구하는 회개 때문에 울고, 어려움을 당하는 성도들 때문에 함께 우는 교회가 되어야 합니다. 눈물에는 거짓이 없습니다. 눈물이 있는 곳에는 진정한 기쁨이 있습니다. 그래서 "눈물이 없는 희극은 진정한 희극이 아니다"라고 찰리 채플린은 강변했는지 모릅니다.

대필해준 편지

> **고후 3:2** "너희는 우리의 편지라 우리 마음에 썼고 뭇사람이 알고 읽는 바라"

군대에 있을 때 초등학생들이 보낸 위문편지를 받으면 삐뚤삐뚤 쓴 글씨들이 참 귀여웠고 또박또박 쓴 편지는 우등생이 쓴 것임을 알 수 있었습니다. 때론 사연이 그럴 듯 하고 예쁜 글씨를 보면, 누나들이 대필해줬구나 싶어 답장을 보내 펜팔을 하고 싶어 했던 적도 있습니다. 이렇게 대필해준 편지를 받으면 은근히 설레서 혹시 하고 '영일만 처녀'와의 편지 로맨스를 꿈꾸던 시절이었습니다.

우리의 교회생활이 이런 대필해준 편지와 같습니다. 자신의 필체로 사연 있는 편지를 쓰려면 연륜이 있어야 합니다. 좋은 열매를 얻기 위해서 접붙임을 하는 것과 같습니다. 이 접붙임의 기술은 이미 수천 년 전에 개발되어서 발전되어 왔습니다.

사도 바울은 성경에 이 접붙임의 원리를 이용해서 다음과 같이 설명합니다. 세상이라는 돌감람나무에 붙어 있던 '나'라는 이방인의 가지를 잘라내어 참감람나무인 예수 그리스도께 접붙임한 것으로, 예수 안의 삶을 비유합니다.

  교회생활은 신앙생활 중에서도 가장 중요한 부분을 차지합니다. 교회를 떠나서는 신앙생활이 불가능합니다. 왜냐하면 그리스도는 머리이고, 교회는 그 몸이고, 성도는 그 몸의 지체이기 때문입니다. 즉 성도는 교회라는 나무에 붙어 있는 가지와 같습니다. 그러므로 교회를 다니지 않아도 혼자서 예수를 믿는다는 말은 잘못된 말입니다.

  일본은 한국보다 훨씬 전인 15세기에 기독교를 받아들였습니다. 그런데도 현재까지 일본의 기독교는 전체 인구의 0.5%밖에 안 되는데, 그만한 이유가 있습니다. 20세기 초 일본의 교계에 가장 큰 영향력을 끼친 사람은 우치무라 간조였는데 그는 무교회주의자였습니다. 이에 따라 복음 전파가 제대로 되지 못했던 것입니다.

  가지가 접붙임되면 그 가지가 살아서 튼튼한 열매를 맺기까지 최소한 1년 이상이 걸립니다. 신앙생활도 마찬가지입니다. 교회에 자리 잡고 뿌리 내리며 열매를 맺는 데는 상당한 시간이 필요합니다. 이렇게 이루어지는 것이 교회입니다. 그렇기에 소중합니다.

  그래서 사도 바울은 이러한 교회가 자신들의 편지라고 합니다. 때로는 삐뚤삐뚤하게 쓰였고 때로는 또박또박 쓰인 위문편지 같습니다. 그래서 처음에는 대필한 편지로 시작하지만 시간이 지나면 자신들의 사연이 담긴 아름다운 편지가 됩니다.

  우리 모두 그리스도의 편지와 같습니다. 처음에는 대필해준 편지로 시작했지만 곧 사연이 담긴 각자의 편지를 써서 주님 앞에 올려드리는 것입니다.

하나님의 부탁

고후 5:19 "하나님께서 그리스도 안에 계시사 세상을 자기와 화목하게 하시며 그들의 죄를 그들에게 돌리지 아니하시고 화목하게 하는 말씀을 우리에게 부탁하셨느니라"

성경 전체에서 하나님께서 그 어떤 것을 우리에게 부탁하셨다고 표현하는 부분은 여기 외에는 찾을 수가 없습니다. 사도 바울은 화목하게 하는 말씀을 우리에게 부탁하셨다고 하십니다.

스태튼 아일랜드 우리 집 앞에는 230여 년 전 뉴욕 뉴저지 펜실베이니아, 메릴랜드, 버지니아까지 조랑말 하나에 몸을 의지하고 복음 들고 산을 넘던 프란시스 애즈베리가 세운 교회가 있습니다. 교회 마당에는 교회를 힘써 지키고 세웠던 사람들의 무덤과 묘비가 즐비하게 늘어서 있어 지나가는 사람에게 오히려 을씨년스러운 분위기를 느끼게 합니다.

미 감리교의 전설적인 circuit rider(말 타고 다니던 전도자) 중 한 분이었던 애즈베리, 그는 말을 타고 다니며 수백, 수천 개의 교회를 세웠습니다. 한번은 하도 오랫동안 떠돌아다니며 전도를 하여 과로에 폐렴으로 쓰러질 지경에 이르러 의사에게 갔습니다. 애즈베리 목사님을 진찰한 의사는 그에게 절대 안정을 취할 것을 명하면서 말을 계속 타면 죽을 것이라고 말했습니다.

의사의 말을 듣던 에즈베리는 이렇게 탄식했습니다.

"Woe to me! If I don't ride on horse to preach the gospel, I would die!"(화로다! 내가 복음 전도를 위해 말을 타지 못한다면 죽으리로다!).

하나님께서 부탁하신 말씀을 전하지 않으면 폐렴으로 죽는 것이 아니라 하나님의 부탁을 지켜드리지 못한다는 죄책감으로 죽을 것이라는 의미입니다.

이렇게 해서 세워진 교회가 우리 동네에 자리 잡고 있다 보니 230년 후의 미국과 애즈베리 당시를 바라보게 됩니다. 하나님의 부탁은 어제나 오늘이나 변함이 없는데, 우리의 자세는 너무나 많이 달라져 있습니다.

주변의 내 가족이 하나님과 화목하게 지내고 있는가, 주변의 이웃은 어떤가. 하나님의 부탁을 너무 소홀히 하고 있는 저 자신을 봅니다. 오늘은 하나님과 화목하게 할 대상자 명단을 다시 한번 작성해야 할 것 같습니다.

그 이름

> 요 1:12 "영접하는 자 곧 그 이름을 믿는 자들에게는 하나님의 자녀가 되는 권세를 주셨으니"

　어제도 CVS에서 처방약을 찾을 때 카운터에 있는 점원이 이름을 물었습니다. 성을 먼저 묻고 이어서 이름을 묻습니다. 그리고 생년월일을 확인합니다. 약을 찾으며 이름에 담긴 아버지의 소원을 생각해봤습니다. 굳세고 담대하라고 '강' 자를 주셨습니다. 전부 외자였던 우리 사형제들의 이름을 하나하나 되뇌며, 우리 형제들에게 주셨던 이름의 의미와 그 소원을 생각해 보았습니다.

　성경에 나타난 모든 인물들의 이름에는 그 배경사건과 그 이름을 지은 부모의 소망과 염원이 담겨 있습니다. 남편 야곱의 사랑을 받지 못했던 레아는 첫아들을 낳을 때 그 이름을 르우벤이라 합니다. "여호와께서 나의 괴로움을 돌보셨다…이제는 남편이 나를 사랑하리라." 얼마나 마음에 사무쳤으면 이름으로 한을 풀려고 했을까요?

　그녀의 사랑 타령은 둘째 아들을 낳고도 이어집니다. "여호와께서 내가 사랑받지 못함을 들으셨다"고 시므온이라 짓습니다. 그녀의 사랑 타령은 셋째 아들을 낳으면서도 계속됩니다. 레위라 명명하면서 "내 남편이 지금부터 나와 연합하리라"고 합니다.

이렇게까지 자신감이 없고 열등감이 심했던 레아가 넷째 아들, 유다를 낳고서야 "이제는 여호와를 찬양하리로다" 하고 남편의 사랑을 확신합니다.

메신저를 통해 주신 우리 주님의 이름은 어떻습니까?

"아들을 낳으리니 이름을 예수라 하라 이는 그가 자기 백성을 그들의 죄에서 구원할 자이심이라"(마 1:21).

그분의 이름은 예수 즉 "하나님은 구원이시다"입니다.
또 이어서 천사는 하나님의 속내를 드러내십니다.

"처녀가 잉태하여 아들을 낳을 것이요 그의 이름은 임마누엘이라"(마 1:23).

바로 'God with us'입니다. 이 이름에 담긴 하나님의 속내를 받아들이고 수용하는 것이 영접입니다. 그리고 나를 성전 삼으시고 내 안에 두신 예수, 그 이름을 믿고 사용하는 것입니다. 여기에 신적 권위를 주시겠다는 약속입니다. 바로 자녀가 되는 권세입니다. 그 권세를 주셨으니 우리는 그 이름을 믿는 믿음의 고백을 오늘도 할 수 있는 것입니다.

가을 속으로

> 히 10:23 "또 약속하신 이는 미쁘시니 우리가 믿는 도리의 소망을 움직이지 말며 굳게 잡고"

저는 가을을 좋아합니다. 비발디의 바이올린 협주곡 'The Four Seasons'(사계) 중에서도 '가을'을 특히 감상하기 좋아합니다. 이탈리아 바로크 음악의 정수라고 할 수 있는 비발디는 성직자 출신의 작곡가였기에 더욱 친근하고, 바이올린의 그 현란한 음색을 참 좋아합니다.

가을에는 무언가 뚜렷하고 부인할 수 없는 영적인 분위기가 감돕니다. 푹푹 찌는 무더위로 잠 못 이루던 저녁으로부터 신선한 날로 변화된 분위기를 느끼게 합니다.

가을은 생각하게 하는 계절입니다. 새로운 시각을 얻기도 하고 또 추억의 뒤안길을 걷기도 하는 계절입니다. '무엇 때문에', '무엇을' 그리고 '어디로'를 생각해 보는 시간입니다. 이것은 우리 심령의 변화를 의미하기도 합니다.

바로 이 계절에 나뭇잎들은 노란색 물감을 들입니다. 날씨도 밤

낮의 길이도 바뀝니다. 화려한 팡파르는 없지만 조용하게 하나님께서 우리의 삶 가운데 간섭하시면서, 우리 심령에 그분의 뜻을 비밀스럽게 새겨 놓으시는 계절인 가을 속으로 우리를 인도하십니다.

하나님은 우리 안에서 변화가 일어나기를 인내를 가지고 기다리십니다. 그리고 그 변화는 예외 없이 우리 가운데 일어납니다. 그래서 사도 바울은 "너희 안에서 착한 일을 시작하신 이가 그리스도 예수의 날까지 이루실 줄을 우리는 확신하노라"(빌 1:6)고 합니다. 그래서 이러한 "믿는 도리(약속)의 소망을 굳게 잡으라"고 합니다.

우리 인생의 가을은 어쩌면 언짢게 하는 계절인지 모릅니다. 사업에 어려움을 겪거나 직장 문제로 고민하는 분이 있을지 모릅니다. 실연을 당한 분이 있을지 모릅니다. 가까운 가족이나 친지를 잃고 슬픔을 이기기 어려워하는 분이 있을지 모릅니다. 견디기 어려운 외로움에 시달리실지 모릅니다. 그래서 최백호 씨가 "가을에는 떠나지 말라"고 노래했는지 모릅니다.

가을에 역경이라는 바람이 허리케인처럼 몰아쳐 우리를 두렵게 할지 모릅니다. 그러나 바람이 세차게 불 때, 뿌리는 더 깊이 내립니다. 생각하게 하는 가을에, 우리의 뿌리가 더 깊어질 것을 기대하십시오. 하나님은 뿌리에 관심이 있으십니다. 그래서 우리를 깊게 강하게 하길 계획하십니다.

우리는 보이는 것에 더 관심을 갖지만 하나님은 겉에서 보이지 않는 뿌리를 바라보십니다. 아무리 고통스러운 과정일지라도 "믿는 도리의 소망을 굳게 잡으면" 그분이 이루시리라 약속하십니다. 그렇기에 우리는 담대하게 가을의 깊음 속으로 들어갈 수 있습니다.

위기에서 기회로

시 57:1 "내 영혼이 주께로 피하되 주의 날개 그늘 아래에서 이 재앙들이 지나가기까지 피하리이다"

중학교 3학년 때 교회 형들을 따라 만리포 해수욕장에 갔습니다. 당시는 육로 교통사정이 좋지 못하던 때라 만리포 해수욕장을 가려면 인천까지 버스로 가서 '세월호' 같은 배를 타고 가야만 했습니다.

마침내 만리포에 도착했지만 큰 배가 해수욕장에 접안할 수가 없으니 50-100m 떨어진 곳에 당도해 나룻배로 갈아타야만 했습니다. 수많은 피서객들이 짐과 함께 나룻배로 옮겨 타는 과정에서 배가 흔들려 저는 그만 물에 빠지고 말았습니다.

수영을 전혀 할 줄 몰랐던 제가 물에 빠져 허우적대니 사람들은 놀라서 소리를 질렀지만, 정작 도와주는 사람은 없었습니다. 힘을 주고 허우적대니 더 깊이 빠져들어 갔습니다. 아마도 큰 배의 밑창에서 빨아들이는 압력에 의해 그 밑으로 빠져들어 갔던 것 같습니다.

아무 생각도 나지 않는 위기의 그 순간 이상하게 교회 전도사님께 들었던 "Be still and know that I am God"(시 46:10, 너희는 가만히 있어 내가 하나님 됨을 알지어다)이라는 구절이 생각났습니다. 그때 한창 영어를 배우던 때라 전도사님이 'still'이라는 단어가 '아직'이라는 의미만 있지 않고 '잠잠히, 가만히'라는 뜻도 있다는 것을 처음으로 가르쳐주셨기에 외우고 있던 구절이었습니다.

이 구절이 자꾸 뇌리를 맴돌았습니다. 한참 힘을 주고 있던 몸에 순간적으로 힘이 풀렸습니다. 의식적이었다기보다는 저절로 그렇게 되었습니다. 몸에서 힘을 풀자 몸이 바다 수면 위로 올라가기 시작했고 마침내 저는 구조되었습니다.

이 사건의 시종을 지켜보고 저의 이야기를 들은 교회 형들 사이에서 저는 갑자기 말씀을 제대로 알고 있다는 인정을 받았고 꽤나 "괜찮은" 교회 동생이 되었습니다.

전에는 전혀 눈에 띄지 않고 주목도 받지 못한 평범한 아이에서 졸지에 주목 받는 교회 동생이 되었습니다. 그 사건 후 늘 교회 형들의 관심과 도움을 받고, 물에 빠졌던 위기의 사건은 형들의 사랑을 받게 된 기회가 된 셈입니다.

이 아침에 시편 기자의 고백처럼 북핵 전쟁 위기, 멕시코 지진, 푸에르토리코 허리케인, 허리케인 하비, 어마 등의 끔찍한 재앙들이 지나가고 주의 평강이 우리를 덮게 되기를 기도합니다.

무엇을 원하는가?

> 눅 18:41 "네게 무엇을 하여 주기를 원하느냐 이르되 보기를 원하나이다"

아버지가 성악을 하셨기에 자라면서 저는 자연스럽게 클래식 음악을 많이 접하였습니다. 그런데 이상하리만치 흑인 최초의 성악가라 할 수 있는 마리안 앤더슨에게 끌렸습니다. 특히 그녀가 불렀던 '깊은 강'이나 '거기 너 있었는가' 같은 흑인 영가를 들을 때는 깊은 감동을 느끼지 않을 수 없었습니다.

그녀는 20세기 대표 성악가가 되기까지 수많은 고초와 실패를 겪었습니다. 한 번은 스승의 도움으로 뉴욕의 타운홀에서 콘서트를 갖게 되었습니다. 기대와 흥분은 상상을 초월했습니다. 그러나 무대에 올랐을 때 청중은 반밖에 차질 않았습니다. 감수성이 예민했던 그녀는 흔들리기 시작했습니다.

다음날 그녀의 독창회에 대한 음악평론가들의 신랄한 비판이 신문지상을 메웠습니다. 노래를 아무 감정 없이 암송하듯 불렀다는 혹평이었습니다. 그녀는 좌절했습니다. 늘 기도하던 어머니에게 "노래를 단념하고 싶다"고 고백했습니다.

백인 가정의 가정부로 일하고 있던 어머니는 딸을 품에 안았습니다. 그녀를 무릎에 앉히고 누가복음에 나오는 불의한 재판장과 과부의 이야기를 들려줍니다. "기도하고 낙망치 말 것"을 그녀의 손을 잡고 말해 주었습니다.

이어서 어머니는 "What do you really want?"(무엇을 진정으로 원하느냐?)라고 묻습니다. "노래를 잘 부르기를 원하니, 아니면 그만두기를 원하니? 네가 진정으로 원하는 것을 주님께 말씀드리렴!" 그러면서 누가복음 18장의 핵심을 딸에게 전했습니다.

앤더슨은 그때부터 하나님 앞에 기도하기를 쉬지 않았고, 자신이 원하는 것을 명확하게 하나님께 기도드렸다고 간증합니다. 오늘 우리는 명확하게 내가 원하는 것을 기도하고 있는지 돌아봐야 합니다. 오늘은 마리안 앤더슨의 '깊은 강'을 듣고 싶습니다.

찬양 좋아하십니까?

 "주의 인자하심이 생명보다 나으므로 내 입술이 주를 찬양할 것이라" (시 63:3)

중·고등학교 시절 저는 참 팝송을 좋아했습니다. 여러 가수들의 모창도 자랑처럼 하던 시절이었습니다. 당시 유행하는 곡이 있으면 부지런히 청계천 음반가게들을 뒤지며 LP판을 사서 모았고, 가사를 익히느라 대학노트 5권 정도에 빽빽하게 적고 부르며 외웠습니다.

당시 외워 부르던 곡이 줄잡아 500여 곡은 되지 않았을까. 가수들의 이름과 사연을 마치 상당한 자랑거리인 양 떠들어댔던 것을 기억합니다. 가방에는 참고서와 함께 팝송 가사를 적었던 대학노트가 있었습니다. 친구들에게 보이고 자랑하려던 것입니다. 거기에 도시락 반찬인 김치 국물이 흘러서 벌겋게 물들면 어떻게든 닦아보려고 애쓰던 일들이 우스꽝스런 학창시절의 추억으로 남아 있습니다.

그런데 1991년 러시아와 중국이 개방의 문을 연 이후 열심히 선교여행을 다니며 발견한 그 사람들의 찬양 가사집이 바로 저의 팝송 가사를 적었던 대학노트와 같았습니다. 거의 800여 곡의 가사를 손으로 일일이 적어 넣은 찬송가 노트…신선한 충격이었습니다.

중국 사람들은 중국어 가사 위에 1-8까지 숫자를 적어놓아 음계를 숫자로 표시한다는 설명을 듣고서야, 왜 그들의 음정이 한결같이 불안한지 알게 되었습니다.

공산치하에서 음악교육을 서양 자본주의의 잔재라고 여겨 모든 음악 교과서와 서양 악기들을 불살라 버렸던 그들의 혁명 때문이었다는 것을 알았을 때, 불안한 음정에 더 이상 웃을 수가 없었습니다. 더욱 충격적인 것은 거의 500곡의 가사를 외우고 있다는 사실이었습니다.

500곡의 가사를 외워서 부르니까 그들의 찬양은 저절로 신앙고백이 되고, 기도로 표현되었고 신앙 내용이 되었습니다. 우리처럼 책이나 스크린의 가사를 보고 부르는 것이 아니었기에 그들의 찬양은 더 뜨거웠고, 진실했고, 눈물을 흘리며 부릅니다.

우리는 너무 쉽게 스마트폰으로 가사를 검색해서 보고 부를 수 있다 보니 외우는 기능이 약화되었습니다. 찬양을 좋아하면서도 찬양을 멀리하고 있습니다. 찬양을 좋아한다는 표현이 왜 그렇게 부끄럽게 느껴지는지 모릅니다.

오 주님! 더 이상 늙어서 머리가 굳었다는 핑계를 대지 않도록 하옵소서!

팝송가사를 적고 외우던 그 정열을 찬양생활에 회복하도록 하옵소서!

두 가지 믿음

 "들은 바 그 말씀이 그들에게 유익하지 못한 것은 듣는 자가 믿음과 결부시키지 아니함이라"

성경은 믿음을 하나님의 믿음과 사람의 믿음 두 가지로 설명합니다. 사도 바울이 말씀한 "믿음은 들음에서 나며 들음은 그리스도의 말씀으로 말미암았느니라"(롬 10:17)고 설명하는 믿음은 분명히 하나님께서 주시는 하나님의 믿음을 말씀합니다.

그러나 "들은 바 그 말씀이 그들에게 유익하지 못한 것은 듣는 자가 믿음과 결부시키지 아니함이라"(히 4:2)고 할 때의 믿음은 분명히 사람의 믿음을 말씀하고 있습니다.

오래전 기독교가 교리적으로 자리 잡아가는 과정에서 많은 이단 시비가 있었는데, 그 대표적인 것들이 '예수가 누구이신가'라는 기독론에 대한 논란이었습니다. 그 다음에는 성령에 대한 논란이었으며 또한 믿음에 대한 논란이 있었습니다.

믿음은 누가 갖는 것인가? 사람이 갖는 것인가, 하나님이 주시는 것인가의 논란은 initial faith(초기 믿음) 논쟁으로 소위 펠라기우스 이단 논쟁으로 이어집니다. 그러나 성경은 두 가지 믿음을 다 설명하고 있습니다.

　마가복음에는 특별히 믿음을 이 두 가지 다른 것으로 조명하는 사건들이 등장합니다. 중풍병자를 주님이 말씀으로 고치시는 장면이 그중 하나입니다. 예수님이 사람들을 가르치고 치유하시는 집에 중풍병자의 친구들은 병자를 주님 앞으로 데려올 수가 없었습니다.

　이에 지붕을 뜯고 환자를 병상에 누인 채 주님 앞으로 내립니다. 멀쩡한 집의 지붕을 뜯었으니 온통 소란이 났을 것입니다. 그런데 성경을 주의 깊게 읽어 보면, 주님의 반응이 특이합니다.

　"예수께서 그들의 믿음을 보시고"(막 2:5), "소자야 네 죄 사함을 받았다"며 사람들의 믿음을 보시고 하나님의 믿음을 선포하시는 장면입니다. 하나님의 믿음은 역사하시는 믿음이고, 사람의 믿음은 하나님의 믿음이 나타날 수 있도록 '말씀에 화합'하며 하나님께 '보여드리는' 믿음입니다.

　　오, 주여
　　나는 부족하여도
　　믿음으로 화합하여
　　역사하시는 믿음으로
　　나아가길 원합니다!

마음이 뜨겁지 아니하더냐?

 **시 119:104-105** "주의 법도들로 말미암아 내가 명철하게 되었으므로 모든 거짓 행위를 미워하나이다 주의 말씀은 내 발에 등이요 내 길에 빛이니이다"

두 사람이 엠마오로 향하여 걷고 있었습니다. 이 길은 단순한 여행길이 아니었습니다. 예수를 따르던 제자들이 소망을 잃고 가는 슬픔과 낙심의 길이었습니다.

때로 우리의 세상 길이 마치 이런 엠마오로 가는 제자들의 길과 같습니다. 근심이 우리를 사로잡기도 하고 환경이 우리의 앞길을 가로막기도 합니다. 이러한 상황에서 예수님과의 만남은 엠마오로 가던 제자들과 같이 우리도 새로운 고백을 하게 하십니다.

예수께서 모세와 모든 선지자들의 글, 즉 구약에 쓰인바 자신에 관한 것을 자세히 풀어 설명하실 때 제자들의 심령에 전에는 모르던 전혀 다른 차원의 소망이 싹트기 시작합니다. 그리고 마음이 뜨거워지기 시작합니다.

차가운 사람은 지성과 감성, 그리고 의지가 분열된 사람입니다.

냉랭한 사람은 생각한 것을 느끼지 못하며 느낀 바대로 행하지 못합니다. 주님께서 우리의 마음을 뜨겁게 하실 때, 우리는 비로소 진정으로 행하는 사람이 됩니다.

말씀이 잘 풀어져서 깨달아질 때, 우리의 마음에 새로운 차원의 소망이 싹틉니다. 성령의 역사는 우리의 감성을 뜨겁게 녹이고 우리의 이성을 깨닫게 하며 우리의 결단이 쉽도록 역사합니다. 주님의 뜨거움은 우리의 마음을 녹일 뿐 아니라 교회 내의 장벽도 녹입니다.

주님으로부터 오는 뜨거움은 상황과 환경의 어려움도 녹여버립니다. 마음이 뜨거워지지 않으면 행하지 못합니다. 마음이 차가울 때는 모든 일이 염려와 근심으로 다가오지만, 우리의 마음이 뜨거울 때는 상황의 냉혹한 현실, 주변의 차가움을 녹일 수 있습니다.

감춰진 말씀의 비밀이 풀릴 때 우리의 마음이 뜨거워지고, 이 뜨거움은 세상을 이길 수 있는 지혜와 능력이 됩니다.

내가 처한 곳에서

 "우리 가운데서 역사하시는 능력대로 우리가 구하거나 생각하는 모든 것에 더 넘치도록 능히 하실 이에게"

우리 삶에 발생하는 사건들을 조금만 더 깊이 생각하며 그 생각들을 정리하다, 감사가 저절로 우러나는 것을 느낄 때가 있습니다. 하나님의 역사는 우리가 구하거나 생각하는 모든 것에 넘치도록 임할 때가 많습니다.

마치 불행한 일처럼 어렵고 힘든, 패배의 연속인 것처럼 변장된 축복으로 다가올 때도 있습니다. 왜라는 질문을 스스로에게 하다 보면 마침내 그 안에 감사와 기쁨을 발견할 수 있습니다.

70년대 후반 ABC TV의 미니 시리즈로 제작되어 초미의 관심과 인기를 끌며 깊은 감명을 주었던 역사물로 '뿌리'(Root)는 흑인 노예의 이야기입니다. 미국판 《토지》(박경리)라고 할 수 있는 대작입니다. 특히 드라마에 주인공으로 등장하는 쿤타 킨테의 분노에 찬 눈동자는 많은 시청자들의 마음을 깊이 울린 바 있습니다.

뿌리의 원작자인 알렉스 헤일리는 해안경비대에서 근무하는 평범한 군인이었습니다. 20년간 배를 타는 마린 보이의 삶은 쉽지 않았습니다. 근무시간이 길고 무엇보다 가족과 친지로부터 멀리 떨어져 지내는 외로움이 해상 근무자들을 괴롭혔습니다. 또한 바다 위에 떠 있는 배 안에서 오랜 시간을 갇혀 지낸다는 것이 갑갑증과 함께 정서 장애를 일으킬 때도 있었습니다.

해상에서 따로 할 일이 별로 없던 헤일리는 여가를 글 쓰고 낙서하는 일로 보냈습니다. 처음에는 해상 생활을 좀 재미있게 극화해서 가족들에게 편지로 보냈습니다. 그러자 선상의 동료들이 그의 글 쓰는 모습을 발견하고 매일처럼 찾아와 연애편지를 대필해 달라고 줄을 서기 시작했습니다.

어느덧 선상 작가(?)가 되어버린 헤일리는 매일 멋진 글과 편지를 동료들을 위해 쓰기 시작했습니다. 바로 이 체험이 '뿌리'라는 대장편 드라마를 집필하는 원동력이 됩니다. 그리고 그는 세계적인 작가로 등단하게 됩니다.

혹시 우리 중에 망망대해에 홀로 있는 느낌을 가진 분은 없습니까? 이러한 느낌을 글로 옮겨 볼 때입니다. 이러한 상황을 최대한 활용할 수 있는 게 무얼까 생각해 볼 때입니다.

내가 처한 곳에서 어떤 사람은 찬양하며 예배합니다. 또 어떤 사람은 그림으로 자신을 표현합니다. 내가 처한 곳에서 뭔가 할 수 있는 일을 발견하고 그 일을 한다는 것은 새로움의 시작입니다. 하나님의 변장된 축복은 당장에 이해할 수 없지만 참 신기하게도 결국 우리를 예비하신 축복으로 인도하십니다.

예배자의 삶

계 22:3-4 "하나님과 그 어린 양의 보좌가 그 가운데에 있으리니 그의 종들이 그를 섬기며 그의 얼굴을 볼 터이요"

감리사 시절, 저는 거의 100명의 목사님들과 교회 개척자들을 섬겼습니다. 매년 여름이면 그들과 새롭게 일대일 면담을 하며 사역에 대한 비전과 어려운 도전, 그리고 개인적인 일들까지 상담하고 서로 기도하며 나누곤 했습니다.

어느 해, 저는 그분들께 중요한 질문을 했습니다. 예수님이 제자들에게 하셨던 질문을 조금 바꿔서 물었습니다. 예수님은 "너희는 나를 누구라 하느냐?"고 물으셨지만 저는 "너희는 너희를 누구라 하느냐?"(Who do you say you are?) 하고 질문을 던졌습니다.

여러 가지 다른 대답이 나왔습니다. 가장 많은 대답이 "하나님의 종"이었지만 Cecil Stone(세실 스톤)이라는 목사는 "예배자"라고 대답했습니다. 저는 그 면담 이후 깊은 생각을 하게 되었습니다.

성경은 예수님과 우리의 관계를 여러 가지 상징을 통해 알려주고 있습니다. '포도나무와 가지', '신랑과 신부', '주인과 종', '그리스도의 편지' 등 여러 비유로 우리의 정체성을 알려줍니다.

베드로전서에는 '택하신 족속', '왕 같은 제사장', '거룩한 나라', '그의 소유된 백성'이라고 말씀합니다.

그런데 요한계시록은 예배자로서의 우리를 상징적으로 묘사하고 있습니다. 계시록은 종말에 관한 예언의 말씀이지만 그 가운데 흐르는 핵심은 예배입니다. 끝장인 22장으로 가면 가장 완성된 예배의 모습을 보여주고 있습니다.

새하늘과 새땅을 말씀하며 그때에는 "하나님과 그 어린 양의 보좌가 그 가운데 있고" 우리는 예배자로서 하나님을 섬기며(예배하며) 그의 얼굴을 볼 것이라고 기록하고 있습니다. 우리가 주의 임재 가운데 살아가는 모든 삶이 바로 예배자의 삶이며, 하루하루 우리는 완성될 예배를 매일 연습하며 그날에는 얼굴과 얼굴을 맞대며 예배하게 될 것이라는 약속입니다.

그러므로 매일매일 우리의 섬김의 삶은 예배의 연장이 됩니다. 영어로 주일예배를 'Sunday Service(섬김)'라고 하는 이유가 여기에 있습니다. 예배가 바로 섬김이기 때문입니다. 그래서 사도 바울도 "너희 몸을…거룩한 산 제사로 드리라 이는 너희가 드릴 영적 예배"라고 합니다.

오늘도 예배자의 삶을 모든 섬김 가운데 이루며 살아가는 여러분을 기도 가운데 응원합니다!

로렌스 형제와 최춘선 할아버지

 "즐겁게 소리칠 줄 아는 백성은 복이 있나니 여호와여 그들이 주의 얼굴 빛 안에서 다니리로다"

300여 년 전 프랑스 파리, 어느 수도원의 늙은 수도사였던 로렌스 형제는 오랫동안 섬기며, 마루를 닦고 감자껍질을 벗기며 음식을 준비하던 사람입니다.

십여 년 전 한국 교계에 충격을 주었던 맨발의 천사 최춘선 할아버지는 KBS PD 출신 김우현 감독에 의해 범상치 않은 그의 일상이 '팔복'이라는 영상으로 소개되어 많은 사람을 감동시켰습니다.

두 분의 공통점은 '팔복' 영상의 배경음악인 고형원 형제의 '오직 주의 사랑에 매여'라는 찬양 가사에 잘 함축되어 있습니다.

오직 주의 사랑에 매여 내 영혼 주를 찬양합니다
이 소망의 언덕 기쁨의 땅에서 주께 사랑드립니다
오직 주의 임재 안에 갇혀 내 영 기뻐 찬양합니다
이 소명의 언덕 거룩한 땅에서 주께 경배드립니다

주께서 주신 모든 은혜 나는 말할 수 없네
내 영혼 즐거이 주 따르렵니다 주께 내 삶 드립니다

로렌스 형제는 늘 하나님의 임재하심이 충만했습니다. 사람들은 그를 기이하게 여겼습니다. 어떻게 늘 요리하면서 그렇게 신기하리만치 성령 충만할 수 있는가 하고 말입니다.

그는 대답합니다. 하나님의 임재는 자기가 어떤 일을 하는가에 있지 않고 맡겨진 곳에서 그 일을 성실하게 주를 위해 할 때 풍성히 임하신다고, 어디에 있든 무슨 일을 하든 늘 무릎 꿇고 기도하는 마음으로 임하는 곳에 하나님이 함께하시고 그곳이 거룩한 곳이라고.

최춘선 할아버지는 서울의 지하철을 맨발로 오르내리며 가는 곳마다 복음을 전했습니다.

"우리 하나님은 자비로우십니다. 우리 하나님은 오래 기다리십니다. 인류 역사상 가장 위대한 자비의 초대, 예수 그리스도…예수 천당, 날마다 천당."

두 분은 살았던 시대가 달랐고 나라와 문화가 달랐고 전하는 방법도 달랐습니다. 그러나 두 분 모두 "오직 주의 사랑에 매여" 있었고 늘 주의 임재 가운데 범상치 않은 삶을 살았습니다. 고형원 형제의 범상치 않은 찬양 '오직 주의 사랑에 매여'가 더욱 가슴으로 다가옵니다.

휘파람

> 눅 1:68 "찬송하리로다 주 이스라엘의 하나님이여 그 백성을 돌보사 속량하시며"

어렸을 적에 휘파람을 불면 불길하고 재수 없다고 어른들한테 야단맞았던 기억이 있습니다. 약간은 불량기 있는 아이들이나 부는 것이 휘파람이라는 통념도 있었습니다. 그런데 그런 관념을 바꿔준 것이 정미조 씨의 '휘파람을 부세요'라는 대중가요였습니다.

"내가 보고 싶을 때엔 휘파람을 부세요" 하는 노랫말로 마치 사랑하는 연인 사이에 보내는 신호가 휘파람이라고 노래를 불러서 당시 어른들의 통념을 깨뜨렸습니다.

북한에서도 휘파람이란 노래로 남녀 간의 애정 표현을 풍자하는 뮤직 비디오가 발표되어서 선풍적인 인기를 끌었다는 이야기를 탈북자들에게 들었습니다.

귀농하여 비닐하우스를 짓고 장미 재배를 하는 어떤 중년의 아저씨가 늘 휘파람을 불었다고 합니다. 집안에 있을 때나 집 밖에서 일을 할 때에도 늘 휘파람을 불었답니다.

마침 옆집에 새로 이사 온 어느 부인이 휘파람 소리에 오해를 했습니다. 그래서 아저씨에게 단도직입적으로 따져 물었습니다.

"왜 휘파람을 부세요? 혹시 나쁜 생각을 가지신 것은 아니지요?"

휘파람을 불던 사람이 이 자매님을 집으로 초대했습니다. 집에 가보니 눈 먼 아내가 있더랍니다. 이 아저씨는 집안에서나 집 밖에서나 휘파람을 불면서 눈먼 아내에게 자신이 가까이 있음을 알린 것입니다. 그분만의 사랑의 신호였습니다.

우리 하나님도 우리에게 사랑의 신호로 휘파람을 부십니다.

"내가 그들을 향하여 휘파람을 불어 그들을 모을 것은 내가 그들을 구속하였음이라 그들이…번성하리라"(슥 10:8).

영적으로 눈먼 우리에게 하나님의 휘파람 소리를 듣고 그분이 우리와 함께하심을 깨닫고 삶 속에서 평강을 누리도록 사랑의 신호를 주시는 것입니다. 자칫 분주해져서 그분의 휘파람 소리를 놓칠 때 자신을 비우고 가만히 귀 기울이십시오. 작지만 세밀한 휘파람 소리가 들릴 것입니다. 우리를 돌보시고 속량하시는 사랑의 신호입니다.

'~지라도'의 신앙

 "우리가 섬기는 하나님이…능히 건져내시겠고"

성경 속 몇몇 인물들은 범상치 않은 결기와 믿음을 우리에게 보여주는데, 그중에서도 '~지라도'가 있습니다.

다니엘의 세 친구 사드락, 메삭, 아벳느고가 풀무불에 던져질지라도 우상에게 절하지 않겠다고 거절합니다. 그들은 하나님께서 그들을 풀무불 가운데에서 능히 건져내실 것이고, 설사 그리 아니하실지라도 신상에 절하지 않겠다고 결연히 선언합니다.

하박국의 결기 넘치는 신앙도 '~지라도'의 신앙입니다. 밭에 소출이 없고 외양간에 소가 없을지라도 나는 여호와로 인해 즐거워하겠다는 눈물이 흐르는 아픔 가운데 결연하게 외치는 신앙의 선포입니다.

소록도에 한센병 질병과 싸우는 환우들이 모여 있습니다. 방방곡곡에서 많은 사람들이 방문해 소록도에서 역사하시는 하나님을 직접 경험하고 싶어 합니다. 그러나 소록도의 하나님을 만나려면 그곳에 가는 것만으로는 부족하고 '~지라도'의 하나님을 만나야 비로소 경험할 수 있다고 합니다. 어떤 상황에도 감사하고 불평하지 않는 신앙을 의미합니다.

그런데 놀라운 것이 다니엘의 세 친구가 풀무불에 들어간 후에 느부갓네살 왕의 눈에 보인 장면입니다. 세 사람이 아니라 네 사람이 불 가운데 다니며, 불이 그들의 몸을 상하게 하지 못했습니다.

무엇을 상징할까요? 예배의 장면입니다. 예배는 지극히 영적입니다. 다니엘의 세 친구가 풀무불에 던져졌을 때 그들이 할 수 있는 것은 예배였습니다. 그 예배에 우리 주님이 함께하셨음을 상징적으로 보여주고 있습니다.

우리도 인생의 가장 힘들고 어려운 순간 회복해야 할 것은 바로 예배입니다. 이 예배는 우리의 결연한 신앙고백으로 시작됩니다.

'~지라도'의 신앙입니다. 'No matter what~'의 선포입니다.

이러한 결기가 넘치는 신앙은 세 번째 '~지라도'인 축복의 신앙으로 이어집니다. 미가가 우리 주님의 탄생을 예언하며 축복하는 장면입니다.

> "베들레헴 에브라다야 너는 유다 족속 중에 작을지라도…창대하여 땅끝까지 미치리라"

이 축복의 선언은 예수 그리스도로 말미암아 이루어졌고, 이제 우리에게 임한 축복이 되었습니다. 우리가 지금은 비록 작고 믿음의 몸부림이 초라해 보일지라도, 믿음의 결국은 창대함을 이루게 될 것입니다.

아나니아의 안수

 행 9:12 "그가 아나니아라 하는 사람이 들어와서 자기에게 안수하여 다시 보게 하는 것을 보았느니라"

주님께서 환상 가운데 아나니아에게 사울이란 청년에게 가서 안수하라고 하셨을 때 아나니아는 주저할 수밖에 없었습니다. 사울에 대한 소문을 이미 듣고 익히 알고 있던 처지였기 때문입니다.

'그 사람 때문에 우리 동료들이, 아니 우리 가족들조차 얼마나 큰 피해를 보았는데…' 하고 주저할 수밖에 없었습니다. 그러나 종용하시는 주님 앞에 순종할 수밖에 없었던 아나니아였습니다.

안수는 용서의 차원을 넘어 축복을 빌어주는 수준의 행위입니다. 피해자가 가해자를 응징하고 미워하기는 쉽습니다. 요즘 말로 하면 갑을 관계에 있어 을이 갑을 용서하고 축복하는 것을 의미합니다.

각박해진 사회에서 을이 규합해서 갑을 정죄하고 사회의 정의를 구현하는 드라마나 영화를 볼 때 우리는 너나 할 것 없이 상당히 후련한 대리만족을 느낍니다. 드라마나 영화처럼 범죄자들을 사회에서 매장시키고 격리시키는 것이 필요할지 모릅니다.

그런데 그 범죄자, 그 갑이, 하나님이 택하신 그릇이고 하나님의 일을 나타내기 위한 도구라면 상황은 달라집니다. 물론 그 판단은 하나님만이 내리실 수 있고 행하실 수 있습니다. 그런데 우리가 그 판단을 내리고 우리가 응징하는 데에 문제가 있습니다.

우리 주님의 처방은 단호하십니다. '을인 네가 가서 갑을 용서하고 축복하라, 가서 안수하라'는 것입니다. 사울(큰 자)에서 바울(작은 자)로 바뀌어가는 길에 가장 먼저 기억해야 할 사람이 아나니아입니다. 아나니아의 안수가 없었다면 사울의 눈의 비늘은 제거되지 못했을 것입니다.

그 비늘이 제거됨으로 사울은 비로소 그의 죄악된 영혼을 바라보게 되었고, 세상과 종교를 바라보는 눈이 바뀌어 생명을 바라보게 되었습니다. 그리스도를 믿는 사람들을 죽이고 해를 끼치는 행위야말로 그리스도를 두 번 십자가에 못 박는 것임을 깨닫게 된 것입니다.

사울이 바울이 되는 과정에 있던 두 사람, 아나니아와 바나바는 주 안에서 진정으로 큰 자입니다. 우리가 살고 있는 이 시대야말로 아나니아의 안수가, 그리고 안개꽃과 같은 바나바가 필요한 시대입니다.

실버 미션

수 14:10-11 "오늘 내가 팔십오 세로되…내 힘이 그때나 지금이나 같아서 싸움이나 출입에 감당할 수 있으니"

언제부터인가 실버 미션이라는 명칭이 교계에 회자되면서, 연령적으로는 은퇴한 세대이지만 고급인력인 'senior'(시니어)들을 잘 훈련하고 'mission'(미션)에 투입시켜야 한다는 시대적 요청에 상응하는 목회 및 사역 방안이 대두되었습니다.

장로님들을 시무장로와 사역장로로 나누어 100세 시대에 맞도록 그 세대를 활용하는 방안이 나온 지 오래 되었습니다. 실버라는 명칭이 유행어처럼 번져, 실버보험, 실버케어, 실버미션, 실버타운 등등 실버라는 것이 은퇴세대를 대표하는 용어로 자리매김을 하였습니다.

옛날에는 평균수명이 짧아 60이 되면 환갑이 되었다고 자손들이 잔치를 베풀고 만수무강을 축하했지만, 이제는 환갑잔치를 요란하게 하는 사람은 찾아보기 힘들고 80세 생일잔치가 옛날 환갑잔치의 의미로 받아들여지게 된 시대가 되었습니다. 그래서 저는 이 20

년의 차이를 하나님께서 덤으로 주신 세월이라 보고 싶습니다.

갈렙 또한 오래전 가나안 정탐 동지였지만 지금은 이스라엘의 지도자인 여호수아에게 나와 "이 산지를 내게 주소서" 하고 요청합니다. 여호와께서 약속하신 그 땅을 차지하는 데 일익을 감당하겠다는 당찬 기백을 85세 시니어인 갈렙에게서 볼 수 있습니다. 실버미션의 원조입니다.

덤으로 사는 인생, 덤으로 주신 세월이라 하면 극작가 오혜령 씨가 떠오릅니다. 위암으로 시작된 암이 여러 곳에 전이되어 힘든 세월을 보냈지만, 덤으로 주신 세월에 감사하며 경기도 어느 마을에 평화의 집을 세워 100여 명의 무의탁 노인들을 돌보는 실버 인생을 산 그녀는 자신의 실버 인생을 이런 시로 표현합니다.

춤이신 하나님!
인생은 한마당의 춤입니다
신바람나는 춤입니다.
가장 솔직한 자아표현이 춤입니다.

온 존재로 춤을 추며 살고 싶습니다.
미리 안무해서, 기억해내며 추는 춤이 아닙니다.
그때그때마다…마음으로 추는 춤입니다.

Sorry Christmas!

 "우리가 그의 영광을 보니 아버지의 독생자의 영광이요 은혜와 진리가 충만하더라"

한국에 밤 12시 통행금지가 있던 시절, 해마다 성탄절이 되면 통금이 해제된 성탄 이브를 마치 해방이나 만난 듯 밤새도록 떠들며 all night party(올 나이트 파티)를 하고 정작 25일 성탄절 당일에는 모두들 피곤에 지쳐 온종일 잠만 자던 때가 있었습니다. 성탄의 의미도 모른 채 그 들뜬 분위기만 좋아하던 때였습니다.

요즘 한국의 젊은이들 사이에 새로운 풍속도가 펼쳐지고 있다는 소식이 있습니다. 성탄절을 등한시하고 오히려 연말 파티에 치중하여, 성탄절 파티 장사에 대목을 바라던 상인들을 실망시키는 사태가 빚어져, 그야말로 'Sorry Christmas'(쏘리 크리스마스)라는 신조어가 상인들 사이에 회자된다고 합니다.

웃어야 할지 울어야 할지 모를 신풍속도 앞에 성탄의 진정한 의미를 회복해, 파티의 들뜬 분위기에서 벗어나 "하늘에는 영광, 땅에는 평화"라는 진정한 의미를 찾아야 할 때이며, 이제야 성탄절의 상업주의에서 벗어날 좋은 기회라는 생각이 듭니다.

한편으로 혹시 젊은 세대의 생각에 영국에서 떠들고 있는 Post-Christendom(포스트 크리스텐덤, 기독교 시대는 지나갔다는 주장)이 한국에 확대되는 것은 아닌가 하는 염려가 저만의 것이 아니겠지요.

청년 시절 처음으로 찬양대에 섰을 때 성탄절 특별찬양으로 불렀던 헨델의 '메시아'가 기억납니다. 왜 그렇게 어려웠는지, 해도 해도 틀려서 다시 해야만 했기에 더 기억에 남고, 그때 좋아하던 곡 중에 '할렐루야'의 웅장함도 있지만 '주의 영광'이란 곡을 참 좋아했습니다.

간단한 가사이지만 그 화성의 화려함은 부르면서도 온몸이 저리는 감동이 있었습니다. "주의 영광이…나타나셨다. 주께서 친히 말씀하셨다." 특히 베이스 파트인 우리가 먼저 치고 들어가는 "만민들이 다 함께 보리라" 부분을 노래할 때에는 기쁨으로 전율이 흐를 정도였습니다.

진정한 성탄의 의미는 주의 영광이 은혜와 진리로 이 땅에 나타나신 것을 만민이 다 함께 보는 것입니다. 예수님 당시에도 그분이 구주이심을 알아보는 사람들이 많지 않았고, 그것은 지금 이 시대에도 마찬가지입니다. 그러나 그분의 영광을 기쁨과 감사로 맞이하는 우리에게는 놀라운 평강과 감동이 넘칩니다.

우리 주님이 다시 오실 때, 가장 많이 놀라고 경악할 사람들은 과연 누구일까요? 주의 영광이 나타나서 만민이 다 함께 보게 될 때, 우리에게는 기쁨과 감사의 눈물이 흐를까요, 아니면 놀람과 두려움에 휩싸인 채 경직된 모습으로 그분의 영광을 바라볼까요?

미아 신고서

눅 19:10 "인자가 온 것은 잃어버린 자를 찾아 구원하려 함이니라"

    평생에 한 번이라도 길을 잃어본 적이 있으십니까? 저는 어릴 때 어머니와 서울의 창경원에 갔다가 엄마 손을 놓치고 인파에 휩쓸려 길을 잃은 적이 있습니다. 이쪽으로도 가보고, 저쪽으로도 가봤지만 어디에도 엄마는 보이질 않았습니다.
    무서워서 울기 시작했습니다. 얼마나 당황했는지 모릅니다. 얼마 후 어느 아저씨가 저를 미아보호소에 데려다 주었습니다. 제복을 입은 어느 아주머니가 이름을 묻고 나이를 묻고, 어디에 사느냐, 주소를 묻습니다. 소위 미아 신고서를 작성합니다. 그러더니 방송을 합니다. "길을 잃은 강이가 엄마를 찾습니다. 나이는 5살, 남색 셔츠에 검정색 바지를 입었습니다…" 한참을 구석에서 울며 기다리니 엄마가 헐레벌떡 찾아왔습니다. 저를 보자 뛰어와 앉으시며 눈물을 흘리십니다.
    제가 "엄마 어디 있었어?" 소리치며 울던 기억이 납니다. 그때 얼마나 무서웠던지 꿈에 몇 번씩 되풀이되어 나타나 트라우마처럼 저를 두렵게 했습니다. 더 큰 문제는 사춘기에 접어들면서 발생했습니다. 중학교 때 소위 불량 서클 아이들과 어울려 다니면서 못된 짓을 하기 시작하자 담임선생님이 불러서 야단을 치며 엄마를 부르신 것입니다.

형태만 조금 달랐지 그때도 작성한 것이 '길 잃어버린 아이' 신고서입니다. "어디에 사느냐? 누구와 어떻게 친하게 되었냐? 누가 짱이냐? 언제 어디에서 만나냐?" 등등의 질문입니다. 길을 잃어버리고도 길을 잃은 줄 모르고 가는 것은 더 위험합니다. 그래서 학교에서는 학생 선도위원을 만들고 '길 잃은' 아이들을 지도합니다.

세상에는 저와 같이 길을 잃어버린 사람들이 많이 있습니다. 길을 잃고, 외롭고 두려워 울고 있는 아이 같은 영혼들도 있고, 옳지 않은 길을 가면서 깨닫지 못하고 '먼 타국'으로 가고 있는 영혼들도 있고, 끝내는 멸망의 길로 치닫고 있는 영혼들도 있습니다.

> "우리는 다 양 같아서 그릇 행하여 각기 제 길로 갔거늘 여호와께서는 우리 모두의 죄악을 그에게 담당시키셨도다"(사 53:6).

미아 신고서를 빨리 작성하는 것이 중요합니다. 미아 신고서를 작성해야 길 잃은 영혼을 찾는 것이 전문이신 주님께서 우리 손을 잡아주시기 때문입니다.

미아 신고서는 본인이 작성할 수도 있습니다. 그들은 깨닫고 회개하고 돌아오는 은혜 받은 영혼들입니다. 그러나 스스로 작성할 줄 모를 때가 많습니다. 옆의 사람이, 먼저 찾은 사람이 작성해줘야 할 때가 많습니다. 잃은 영혼을 위한 중보기도가 바로 미아 신고서 작성이고 전도의 시작입니다.

　우리 주님은 오늘도 잃어버린 영혼을 찾으십니다. 우리의 할 일은 부지런히 미아 신고서를 작성해서 올려 드리는 것입니다.

빈 들에서 외치는 소리

> 눅 1:17 "그가 또 엘리야의 심령과 능력으로 주 앞에 먼저 와서…주를 위하여 세운 백성을 준비하리라"

우리가 이미 많이 알고 있는 성경 원어 가운데 말씀의 원어인 '로고스'와 '레마'라는 헬라어가 있습니다. 로고스는 'Written Word'(기록된 하나님의 말씀)을 의미하며 요한복음 1장에 나옵니다.

"태초에 말씀(로고스)이 계시니라…."

레마는 Spoken Word(들려진 하나님의 말씀)로 로마서 10장 17절인 "믿음은 들음에서 나며 들음은 그리스도의 말씀(레마)으로 말미암았느니라"에서 나타납니다. 그런데 여기에 유사한 단어가 하나 더 있습니다. 바로 '포네'라는 단어입니다. 그 의미는 '소리'입니다. 여기서 영어단어 'tele-phone'이 유래되었습니다.

그러니까 로고스는 요즘 유행처럼 사용하는 콘텐츠(내용)에 해당됩니다. 이 말씀이 포네(수단)에 실려 확성기처럼 재생(play)되어

들려진 말씀을 레마라고 하는 것입니다. 믿음은 이 과정을 거쳐 말씀(로고스)이 우리 귀에 들려질 때 그 말씀을 레마라 하고, 이 레마가 우리 영혼에 잘 박힌 못처럼 심겨질 때 믿음이 생기게 된다고 확대 해석할 수 있습니다.

믿음이 생성되는 이 과정에서 포네(소리)는 수단입니다. 이 포네라는 단어를 제일 먼저 사용한 사람이 세례 요한입니다.

"나는 빈 들에서 외치는 소리이다…."

구약 시대의 선지자들도 메신저의 역할을 감당했지만, 구약 시대가 끝나고 몇백 년간 하나님의 말씀이 들려오지 않던 암흑과 같던 시대에 세례 요한의 외침은 마치 확성기(mega-phone)처럼 들렸고, 사람들의 심령에 강력하게 꽂혀 신약 시대를 열었습니다. "나는 소리요, 메신저이다…나는 너희에게 물로 세례를 주지만 그분은 성령으로…불로 너희에게 세례를 주리라", "누가 너희에게 임박한 진노를 피하라 하더냐…회개에 합당한 열매를 맺으라"라며 마치 불을 토하듯 거침없는 확성기 소리에 사람들은 줄을 이어 세례를 받았습니다. 메시아가 오실 것을 준비한 것입니다.

우리가 살고 있는 21세기에도 이러한 메시아를 준비하는 포네가 필요합니다. 설교는 이러한 포네의 기능을 감당하게 하는 예배의 요소로 '케리그마'라고 합니다. 그래서 설교는 믿음을 갖게 하는 하나님의 말씀 재생기입니다. 로마서 10장 17절에 나오는 사도 바울의 의도를 이렇게 영어로 재해석할 수 있습니다.

"Faith comes by preaching the Word of Christ"(믿음은 설교에서 나며 설교는 그리스도의 말씀으로 말미암는다).

오래전에 나온 복음성가인 '나는 소리요'가 생각납니다.

나는 소리요
빈 들에서 외치는 소리요
주의 길을 예비하라고 외치는 소리요

나는 물로 세례를 주나 그는 성령으로
나는 물로 세례를 주나 그는 불로 주리

그는 하나님의 아들, 그리스도라

찬양의 능력

 "너희 모든 나라들아 여호와를 찬양하며 너희 모든 백성들아 그를 찬송할지어다"

한국 사람들만큼 노래 부르기를 좋아하는 민족이 있을까 싶을 정도로 우리는 노래 부르거나 듣기를 좋아합니다. 오죽하면 한국 사람들이 사는 곳에 빼놓을 수 없는 것이 노래방입니다. 노래방 문화가 만연되다 보니 전 국민의 노래 실력도 높은데, 이것은 오디션 프로그램을 보면 알 수 있습니다.

그런데 우리 하나님도 노래를 좋아하십니다. 시편 기자는 "이스라엘의 찬송 중에 거하시는" 하나님을 소개하고 있습니다. 찬양은 우리 마음에 감동을 일으킵니다.

하나님의 말씀은 감동으로 쓰여졌기에 성경 기자와 성경 독자를 연결시키는 접촉점은 성령의 감동하심입니다. 말씀을 묵상할 때, 기록 당시의 감동을 받아 묵상하면 말씀이 살아나서 우리에게 하나님의 음성으로 들려집니다.

이렇게 살아 있는 말씀을 들을 때 우리 심령에 깊은 믿음이 형성

됩니다. 그러므로 찬양은 우리를 성경의 세계, 시간과 공간을 초월한 하나님의 영계로 인도하는 타임머신이며 인도자라고 할 수 있습니다.

찬양은 성령의 역사를 체험한 사람이 그 감격 가운데에서 가사와 곡을 만들었기에 원곡의 영감이 깃들어 있습니다. 찬양에서 나오는 영감과 말씀에 담긴 감동이 어우러질 때 갑절의 영감이 우러나게 됩니다. 이에 성경에는 엘리사가 예언의 영이 역사하도록 거문고 타는 사람을 불러달라고 청한 예를 보여주고 있습니다.

이러한 찬양의 감동이 있는 기도에는 파워가 있습니다. 그냥 건조한 기도가 아니라 감동과 눈물이 있는 기도가 배에서부터 흘러나오게 됩니다. 감동하심 가운데 하나님과의 교감대가 형성되고 말씀을 통해 기도를 통해 살아 계신 하나님의 말씀으로 살아 있는 묵상이 이루어집니다.

찬양에는 능력이 있습니다. 오늘도 마음껏 찬양을 부름으로 하루를 시작하십시오. 갑절의 영감으로!

아침마다 새롭게

> 애 3:22-23 "여호와의 인자와 긍휼이 무궁하시므로…이것들이 아침마다 새로우니 주의 성실하심이 크시도소이다"

아침에 일찍 일어나는 것을 싫어했던 시절이 있었습니다. 밤에 늦게까지 자지 않고 음악을 듣거나 놀다가 새벽이 가까워서야 잠이 들고 아침에 늦게 일어나 'night person'(야간형 인간)으로 사는 것을 마치 젊음의 특권으로 느낄 때가 있었습니다.

인터넷이 발달되기 이전에는 젊은이들을 대상으로 한 라디오 음악 프로그램들이 여럿 있었습니다. 그것들을 듣는 것을 마치 젊은이의 낭만으로 알고 '밤을 잊은 그대에게', '한밤의 음악 편지' 등에 귀를 기울였습니다.

나이가 들어 철이 들면서 밤에 늦도록 깨어 있는 것이 해롭고 부질없는 것임을 깨달아 가면서 'morning person'(새벽형 인간)으로 바뀌기 시작했습니다. 실제로 아침을 영어로 'morning'이라고 표현하지만 때로는 'day-break'(하루를 여는)라는 표현을 쓰는 경우가 있습니다.

하루를 말할 때에는 통상적으로 아침부터 저녁까지를 말합니다. 자정은 하루를 마친 그 다음날의 시작으로 계산이 되고 있습니다. 그래서 한국 가는 비행기 스케줄이 밤 12시가 지난 후의 일정일 경우에 날짜 계산을 혼동하여 비행기를 놓치는 분도 있습니다.

그런데 성경은 "저녁이 되고 아침이 되니"로 하루가 되는 것을 말씀합니다. 하루의 개념과 그 일정에 반드시 쉼(안식)을 포함시키고 있고, 하루의 마침은 밤이 아니라 아침이라는 말씀입니다.

또한 아침은 하루의 마침과 시작이 'overlapping'(겹치는)하는 시간이기에 죽음은 끝이 아니고 부활로 이어지는 새로운 시작임을 상징적으로 알려주고 있습니다. 그렇기에 아침은 하루의 마침이면서 동시에 하루를 여는(day-break) 중요한 정점입니다.

이에 따라 아침 식사를 'break-fast', 즉 금식을 깨는 것이라고 칭하고 있고, 온전한 쉼(안식)은 금식으로 위나 다른 소화 기능에도 쉼을 갖게 하는 것이며 밤중에 무엇을 먹는 것이 좋지 않음을 알려주고 있습니다.

이렇게 아침은 하루의 정점에 위치한 시간으로 하나님의 인자와 긍휼을 힘입는 시간이라고 예레미야 선지자는 자신의 체험을 말씀합니다. 아침마다 새롭게 주시는 인자와 긍휼 앞에 무릎을 꿇고 하루를 시작하는 순종의 삶이 형통의 길임을 알려줍니다.

우리에게 믿음(faith)을 요구하시는 하나님은 그분의 믿음을 성실(faithful)로 나타내십니다. 성실은 믿음의 성품으로 우리의 삶의 태도에도 나타나는 것입니다.

예수전도단이 이러한 예레미야의 아침을 찬양으로 소개합니다.

아침 묵상과 기도에 도움이 되어 많이 부르는 곡입니다.

    주의 인자는 끝이 없고 그의 자비는 무궁하며
    아침마다 새롭고 늘 새로우니
    주의 성실이 큼이라 성실하신 주님

마치 예레미야 선지자가 아침마다 무릎 꿇고 기도하는 모습을 우리에게 음악으로 그려주는 듯한 곡입니다. 이 아침에 그 곡을 들으며 따라 부르고 싶습니다.

그 곡을 부르며 무릎을 꿇습니다.
오늘도 하나님의
자비와 긍휼을 구합니다.

성탄의 은혜

 "말씀이 육신이 되어 우리 가운데 거하시매 우리가 그의 영광을 보니 아버지의 독생자의 영광이요 은혜와 진리가 충만하더라"

성경에서 가장 의미 깊은 단어 중 하나를 꼽으라 하면 많은 분들이 서슴지 않고 은혜라고 답을 합니다. 값없이 베푸시는 하나님의 선물인 은혜야말로 우리에게 가장 필요한 하나님의 나타나심이기에 그렇습니다.

히브리어로는 은혜를 '헤세드'(חסד)라고 합니다. 성경에서 이 단어가 가장 먼저 언급되었던 곳은 창세기 19장 19절입니다.

하나님의 사자들이 소돔과 고모라를 심판하기에 앞서 롯에게 먼저 찾아가 그 사실을 알렸을 때, 롯은 "주께서 큰 인자를 내게 베푸사 내 생명을 구원하셨습니다" 하고 감사합니다. 천사가 롯에게 보여준 '호의'를 헤세드라고 표현한 것입니다. 은혜, 즉 헤세드는 어떤 보상을 바라고 베푸는 동정이 아니라 하나님께서 우리 인간에게 보여주신 조건 없는 사랑을 뜻합니다.

'헤세드'(חסד)라는 히브리어는 성막의 울타리를 의미하는 '헤트'(ח)와 하나님의 보호를 의미하는 '싸메크'(ס), 문을 의미하는 '달렛'(ד)으로 이루어져 있어 하나님께서 둘러 진을 치고 보호하시는 울타리, 즉 광야에 장막을 치고 울타리를 두른 것을 의미합니다.

'거하시매'(dwell)라는 단어도 '장막을 치다'(pitch in)로 울타리(텐트)를 치는 것을 의미합니다. 성육신의 역사는 바로 육신으로 장막을 치신 주님의 성탄을 의미합니다. 여기서 나온 영어가 'in-carnate'(육신을 입다)입니다.

조금 더 깊이 언어적 의미를 묵상하면, 출애굽 후 광야에서 장막을 치고 거하던 이스라엘 백성들을 '하비르'(거지떼)라고 묘사하였습니다. 헤세드와 같은 어원입니다. 그 '장막촌' 가운데 거하시겠다는 하나님의 말씀입니다.

여기에서 유래된 영어 표현이 'habitat for humanity'입니다. 지미 카터 전 대통령이 어려운 사람들을 위해 집을 지어주는 이 봉사활동에 열심히 참여해서 유명해진 비영리 단체입니다.

우리 하나님의 은혜는 마치 거지와 같이 더러운 우리의 삶 가운데 들어오셔서 우리와 함께하시겠다는 임마누엘(God with us)의 사랑입니다. 이것이 은혜입니다. 내 스스로 정결하고 거룩해지는 것이 아니라, 더러운 그 상태에 하나님께서 오시겠다는 약속의 성취가 바로 성탄에 나타난 은혜입니다.

No matter who we are 우리가 누구이든 (관계없이)

No matter what we have done 우리가 무슨 일을 저질렀든지

No matter how we are 우리가 어떤 상황 가운데 있든지

우리와 함께하시겠다는 하나님의 사랑이 바로 은혜입니다. 이 은혜가 이루어진 곳이 바로 구유에 태어나신 아기 예수입니다.

"은혜와 진리가 충만하더라."

요한의 감격을 말씀 속에서 느낄 수 있습니다.

신앙의 계보

 "아브라함과 이삭과 야곱의 하나님 곧 우리 조상의 하나님이 그의 종 예수를 영화롭게 하셨느니라"

정치나 경제계에서 인맥과 계보는 상당한 비중을 차지하고 있습니다. 이러한 계보는 미술이나 음악 및 문학계에도 중요하게 작용하고 있습니다. 법조계에도 학연과 지연은 상당한 영향을 끼치고 있습니다.

심지어는 주먹세계에도 계보가 있습니다. 그냥 아무 계보 없이 독불장군으로 뛰는 사람은 없습니다. 미국에서도 'connection'(연관성)을 중시하는 것은 마찬가지입니다. 이제 사람을 평가하는 기준 중에서도 'connectivity'(연결성)가 중요한 항목으로 등장할 정도입니다.

성경은 예수님의 족보를 소개함으로 우리의 신앙에도 계보가 있음을 알려주고 있습니다. 특히 우리가 믿는 하나님을 아브라함과 이삭과 야곱의 하나님이라고 소개하며 그 계보를 소개합니다.

아브라함을 통해서 이스라엘이라는 나라를 시작하였고, 야곱을 통해서 그 이름이 완성되었음을 보여주고 있습니다. 아브라함과 이삭과 야곱의 하나님은 바로 계보를 통한 언약의 하나님이십니다.

즉 아브라함에게 주셨던 언약을 이삭에게도 야곱에게도 주셨으며, 그것은 그 후손을 통해 메시아를 보내주겠다는 복음의 약속입니다. 언약은 계보를 통해 역사하였고 예수 그리스도로 말미암아 완성되었습니다.

우리의 신앙은 바로 그 계보를 통한 언약을 믿는 것입니다. 그러면 좀 더 구체적으로 우리 이방인들에게 어떻게 이러한 신앙의 계보가 영적으로 이어져가는가를 봅시다.

아브라함은 '믿음의 계보'를 상징합니다. 예수 그리스도를 믿는 믿음에 복을 주시는 하나님의 약속을 말씀합니다. 사도 바울은 "믿음으로 말미암은 자는 믿음이 있는 아브라함과 함께 복을 받느니라"(갈 3:9)고 믿음의 계보에 대해 말합니다.

이삭은 '순종의 계보'를 상징합니다. 이삭은 모리아 산에서 아버지 아브라함의 믿음의 행위에 저항하지 않고 순종하여 믿음을 더 깊은 차원으로 이어나갑니다. 번제로 바쳐졌던 아브라함의 아들 이삭은 예수 그리스도를 예표합니다. 십자가의 순종을 보인 것입니다.

번제보다 순종을 기뻐하시는 하나님 앞에 우리가 순종할 때 하늘 문이 열리고 역사가 이루어지는 복을 누리는 것은, 순종의 계보가 우리에게 약속되었음을 보여주고 있습니다. 순종만이 하나님의 복을 누리며 기적을 경험하는 통로입니다.

야곱은 '기도의 계보'를 상징합니다. 얍복 강가에서 기도를 통해 하나님은 야곱에게 약속과 축복을 허락하십니다. 우리가 기도할 때 야곱의 계보는 예수 그리스도의 이름으로 우리 가운데 이루어집니다.

우리 삶에 믿음이 뜨거워지고 순종이 깊어가고 기도의 열기가 더해가야 하는 이유를 성경은 이렇게 아브라함과 이삭과 야곱의 하나님이라고 소개하며 알려주고 있습니다.

우리 주님이 그러한 삶을 사셨습니다. 믿음과 순종, 그리고 기도로 꾸준히 늘 함께하셨습니다. 이제 우리가 그 계보를 이어가야 할 때입니다.

오, 주여
믿음과 순종 그리고 기도의
삶을 오늘도 이어가게 하소서.
믿음의 반열에 서게 하소서.

Finding Jesus(예수를 찾아서)

 "또한 그가 만물보다 먼저 계시고 만물이 그 안에 함께 섰느니라"

CNN방송에서 성탄절 특집으로 'Finding Jesus: Fact, Faith, Forgery'(예수를 찾아서: 사실, 믿음, 꾸민 이야기)라는 제목의 다큐 방송을 한 적이 있습니다.

"예수는 누구이신가?"라는 주제는 지난 2000년 동안 가장 큰 논쟁의 중심이었고, 지금도 역사학자들은 고증을 하며 주님의 신분에 대한 토론을 계속 이어가고 있습니다.

역사적 예수(historic Jesus)에 대한 재발견을 시도하는 학자들의 인터뷰를 중심으로 엮은 특집방송으로 기독교의 신앙을 학자의 눈으로 어떻게 볼 것인가에 대해 고고학적 증거자료를 함께 다루고 있었습니다.

흥미로웠던 부분은 의심 많던 도마가 예수님 이후에 인도로 가서 복음을 전파하고 서기 1세기에 이미 인도에 교회를 세웠다는 이야기를 고고학자가 발견한 동전을 중심으로 해서 고증하는 장면이었습니다.

1세기 인도에 세워진 교회의 전통을 이은 이들을 'St Thomas Christian'(성 도마 그리스도인)이라고 칭하는데, 그들이 중세 유럽에서 온 가톨릭 크리스천들에 의해 핍박을 받고 이단으로 정죄된 아이러니를 증언하는 인도 역사학자의 모습이 사뭇 인상적이었습니다.

예수님의 신분에 대한 증언은 제자들 간에도 분분하였습니다. 그들의 신앙을 인간의 제한된 언어로 어떻게 표현할 것인가 고민할 수밖에 없었던 고뇌를 이해할 수 있습니다.

요한은 말씀이 육신이 되어 이 땅에 오신 예수님을 증언하기 위해 일곱 가지의 표적을 증언하면서 출애굽기에 나타난 "I AM"(스스로 있는 자)의 하나님과 연결해서 소개합니다. 예수님께서 "The Great I am"이라고 하는 그의 신앙고백이 요한복음입니다.

자기 눈으로 보기 전에는 부활하신 예수를 믿을 수 없다고 공언했던 도마가 주님의 옆구리와 손을 만지고는 "나의 주 나의 하나님이여"라고 무릎 꿇고 고백한 장면을 요한은 뒷받침으로 증언하고 있습니다.

그 도마가 그 후 인도로 가서 창을 맞고 순교하며 믿음의 씨앗을 뿌렸고, 지금 그의 신앙을 물려받았다고 주장하는 '성 도마 그리스도인'이 인도에 8백만이나 있습니다.

사도 바울은 깊은 학문적 배경으로 말미암아 자신이 만난 예수님을 철학적으로 서신에 설명하고 있습니다. 예수 그리스도는 "I Am"의 하나님으로 "만물보다 먼저 계시고(I Am이시고) 만물이 그 안에 함께 섰느니라"로 표현됩니다.

이 설명 하나가 얼마나 많은 이단 논쟁을 초래했는지 모릅니다. "먼저 계시고"를 자신들의 번역본에 "먼저 나시고"(first born)로 기록하면서 그들이 발견한 예수는 "Junior god"이라는 주장을 합니다. 이 논쟁의 후예들이 여호와의 증인이 되었습니다.

그러나 사도 바울의 감격에 찬 말씀은 우리가 'The Great I Am' 이신 예수를 발견하는 것이 아니라, 우리가 그분 안에서 발견되어지는 것이라고 선언하고 있습니다.

"만물이 그 안에 섰느니라"는 우리가 예수 안에서 발견될 때 비로소 우리 존재의 의미를 알게 되고 그분 안에서 생명을 얻게 됨을 증언합니다. 모든 만물이 오직 예수 안에서 비로소 그 존재의 의미가 발견되는 것이라고 예수 안에서 발견된 자로서 신앙고백을 하고 있습니다.

오, 주여
오늘도 주 안에서 우리가
발견되어지기 원합니다.
오늘도 주 안에서 삶의 의미를
발견할 수 있도록
인도하여 주옵소서.

좋은 것을 넘어 위대함으로

전 9:10 "네 손이 일을 얻는 대로 힘을 다하여 할지어다"

짐 콜린스의 베스트셀러인 《Good to Great》에는 기업경영에 필요한 전략들을 새로운 각도에서 다루고 있습니다. 미국 내 몇 개의 기업들을 모델로 그 사례들을 연구한 보고서입니다. 좋은 기업을 넘어 위대한 기업으로 다시 태어날 것을 촉구하며 이 발돋움에 필요한 사항들을 정리해서 독자들에게 도전하고 있습니다.

가장 먼저 눈에 띄는 것이 "좋은 것은 위대한 것의 적"이라는 지적입니다. 보통을 넘어 최상의 가치를 추구하기 위해서는 "이만하면 됐다"는 'comfort zone'(편안함)을 뛰어넘어야 한다는 것입니다.

신앙생활에도 가장 주의해야 할 것이 안락함에 빠지는 것입니다. 모든 것이 좋고 편안하다고 느낄 때 영적인 긴장의 끈을 놓을 수가 있습니다. "여기가 좋사오니 여기에 초막 셋을 짓고 머물자"는 베드로의 제안과도 같습니다. 물은 고이면 썩게 되어 있습니다. 항상 흐르도록 해야 합니다. 받은 바 은혜도 마찬가지입니다. 항상 흐르도록 해야 합니다. 하나님께서 내리신 축복도 받은 대로 소유하면 썩게 되어 있습니다.

복의 근원이 되고 은혜의 근원지가 된다는 것은 받고 좋아하는 것에 멈추지 않고 함께 나누는 사람이 된다는 뜻입니다. 은혜가 풍성한 것은 복되고 좋은 일임에 틀림이 없습니다.

그러나 좋은 것을 넘어 위대함으로 나아간다는 것은 받은 은혜를 아낌없이 나누어주는 유통자가 된다는 뜻입니다. 이럴 때 오는 갑절의 축복과 은혜가 '넘치는 은혜'(overflowing grace)입니다. 성경은 '기름부음'(anointing)이라고 표현합니다. 성령의 기름부음은 항상 새롭고, 항상 넘치게 붓는 것을 말합니다. 그래서 기름부음을 성경에서 언급할 때에는 'fresh'(신선한)라는 형용사를 동반합니다.

또한 넘치는 부으심을 다윗은 "내 잔이 넘치나이다"라고 상징적으로 고백합니다. 원수의 목전에서 상을 베푸시는 하나님의 축복을 이렇게 부으심(pouring)으로 표현하고 있습니다. 이러한 신선하고 넘치는 부으심으로 살았던 예수님은 십자가에 죽으심으로 자신을 주신 것입니다. 이러한 '부으심의 도'를 깨달았던 바울도 자신의 삶을 '전제'(drink offering)로 부은 바 되었다고 표현하는 이유입니다.

좋은 것을 넘어 위대함으로 가는 길목에서 올리는 환희의 찬송 시가 시편 23편입니다. 여호와께서 왜, 그리고 어떠한 목자이신가를 말씀하는 고백시입니다. 두 손을 들고 감격하며 흘리는 다윗의 눈물을 볼 수 있습니다. 좋은 것에 머물지 않고 위대함으로 가라는 하나님의 손짓은 "네 손이 일을 얻는 대로 힘을 다하여 하라"는 독려에 담겨 있습니다. 어떤 일이 우리 손에 오더라도 힘을 다할 때 좋은 것을 넘어 위대함으로 갈 수 있습니다.

두 가지 생명

요 1:4 "그 안에 생명이 있었으니 이 생명은 사람들의 빛이라"

요한은 말씀이 육신이 되어 오신 예수 그리스도 안에 영원한 생명이 있음을 소개합니다. 더 깊은 깨달음을 위해 생명의 다른 두 헬라어 단어를 사용하여 그 의미를 설명합니다.

한글 성경이나 영어 성경에는 구분 없이 '생명', 'life'라고 표기하지만 헬라어 성경에는 생명을 '비오스'와 '조에'로 구분해서 설명합니다. 비오스는 생물학적인 생명입니다. 태어나서 먹고 자고 성장하다가 때가 되면 죽는 동물적인 생명을 말하며 생물학을 의미하는 영어단어 'biology'가 여기서 유래되었습니다.

요한은 이 단어를 사용해서 "이는 세상에 있는 모든 것이 육신의 정욕과 안목의 정욕과 이생(비오스)의 자랑이니 다 아버지께로부터 온 것이 아니요 세상으로부터 온 것이라"(요일 2:16)고 설명합니다. 하나님을 알지 못하는 삶을 살아가는 인생을 의미합니다.

이에 반해서 예수 그리스도 안에 있는 생명은 '조에'라고 구분해서 설명하고 있습니다. 일시적이고 생물학적인 생명이 아닌 영원한 영적인 생명으로 조에를 구분해서 말씀하고 있습니다.

"아들이 있는 자에게는 생명(조에)이 있고 하나님의 아들이 없는 자에게는 생명(조에)이 없느니라"(요일 5:12).
"이는 그를 믿는 자마다 멸망하지 않고 영생(조에)을 얻게 하려 하심이라"(요 3:16).

조에의 생명은 비오스의 생명과는 질적으로 다릅니다. 비오스의 생명은 죄로 타락한 인간의 유한한 생명이지만 조에의 생명은 그리스도의 생명이 함께하는 생명, 성령이 거듭나게 한 생명, 하나님과 바른 관계를 회복한 생명을 말씀합니다. 창세기에서 인간의 창조과정과 대비하면 재미있는 것을 발견하게 됩니다. 아담은 히브리말로 '사람'이란 뜻으로, '흙'이라는 뜻의 '아다마'에서 나온 말입니다.
"여호와 하나님이 땅의 흙(아다마)으로 사람을 지으시고"(창 2:7). 이는 실제 언어적 의미로 보면 먼지(dust)입니다. 그래서 영어로 장례를 집전할 때 "흙은 흙으로 돌아갈지니라" 즉 "from dust to dust"라고 합니다.
하나님께서 먼지로 만드신 사람에게 "생기를 그 코에 불어넣어" 생령으로 만드십니다. 흙이라는 유형의 질료에서 사람이 나왔지만 하나님께서 호흡을 그 사람에게 불어넣었기에 생령(living soul)이 된 것입니다.
먼지(아다마)로 만든 사람은 죽어서 먼지로 돌아갈 수밖에 없는 비오스의 생명이지만 하나님의 호흡이 들어가 생령, 즉 조에의 생명이 된 것입니다. 아담이 범죄함으로 조에의 생명을 잃은 것을 예수께서 회복하시고 "그 안에 생명이 있었으니 이 생명은 사람들의 빛이라"고 선포하십니다. 예수님이 이 땅에 오신 목적은 우리가 영원한 조에의 생명을 얻음은 물론 이 땅에 살면서 조에의 생명을 '풍성하게' 얻게 하기 위함(요 10:10)이라고 말씀합니다.

역으로 본다면, 예수 없이 사는 인생은 비오스의 생명이기에 먼지(dust)로 살다 먼지(dust)로 끝나는 먼지 같은 인생입니다. 그러나 예수님으로 말미암아 원래 창조하신 목적대로 영원한 생명, 조에를 누리게 회복하신 것입니다.

우리 주님은 이 조에를 겨자씨에 비유하십니다. 너무 조그마해서 처음에는 눈에 잘 띄지 않는 생명의 씨앗이지만 우리에게 심으신 것입니다. 이 씨앗은 영원한 조에의 생명이기에 자라서 큰 나무가 된다고 약속하십니다. 주님은 이 씨앗이 잘 자라 뿌리를 내리도록 우리의 옥토를 관리하라고 하십니다. 우리 한 사람 한 사람에게 모두 큰 나무가 되는 꿈을 꾸라고 말씀하십니다.

오, 주여
먼지 같은 인생을
살지 않게 하시니 감사합니다.
오늘도 우리 안에 있는 조에가
자라도록 물을 주며 꿈을 꿉니다.
큰 나무로 자라게 하소서.

중심을 보시는 하나님

삼상 16:7 "사람은 외모를 보거니와 나 여호와는 중심을 보느니라"

요즘은 젊은 자매들이 형제들을 바라보는 눈에 조금씩 변화가 있다고 합니다. 얼마 전까지만 해도 '꽃미남'이 대세였는데 최근에는 '훈남'이라는 표현이 자주 등장하고 있습니다. '꽃미남'이 외모만 보는 추세라면 '훈남'은 어느 정도 외모와 함께 훈훈한 성품을 추가한 표현입니다. 외모도 매력적이면서 성품도 좋은 사람을 칭하고 있습니다. 그러나 외모에 치중하는 기준에는 큰 변화가 없습니다.

삼성그룹의 창업주인 이병철 씨는 직원 채용 시 모든 면접에 참여해서 소위 '관상'을 보았던 것으로 유명합니다. 중국의 당나라에서 관리 채용 시 썼다는 신언서판(身言書判)을 그대로 활용했다는 기업관입니다. 신언서판의 '신'(身)은 외모와 신체의 건장함을 보는 것이고, '언'(言)은 말솜씨를 뜻하고, '서'(書)란 글씨와 글의 내용을 의미합니다. '판'(判)이란 사물의 시비를 가릴 수 있는 판단력이 있는지를 보는 기준입니다.

그러나 하나님은 외모를 보지 않고 중심을 보신다고 말씀합니다. 중심이란 무엇을 말하는 것일까요? 훈훈한 성품일까요? 단순히 우리의 내면을 말하는 걸까요? 물론 중심은 바로 우리의 마음임에는 틀림이 없습니다.

그러나 우리가 단순히 생각하는 마음만은 아닙니다. 좋은 성품을 의미하는 것도 아닙니다. 마음은 감정, 의지, 지성이 위치하는 장소라고 사전적인 의미로 생각할 수 있으나 성경에 마음은 히브리어로 '레바브'(lebab)라고 기록합니다.

'레바브'는 하나님과의 관계가 출발하는 곳을 의미합니다. 그러니까 확대해서 해석한다면 '우리의 내면에 하나님이 자리 잡고 계신가, 우리의 마음에 하나님 두기를 즐겨하는가' 그것을 보신다는 말씀입니다.

평소 마음에 하나님 두기를 즐겨하고 늘 그분의 다스림을 초청하고 기대하는 고백의 삶을 사는 사람인가, 그 중심을 보신다는 것입니다. 다윗은 마음에 하나님 두기를 기뻐한 사람이었습니다. 하나님을 늘 마음에 두고 그분이 목자이시기에 부족함이 없다고 고백하는 삶을 살았습니다. 하나님은 그것을 기뻐하시고 그 중심을 보셨다는 말씀입니다.

오, 주여
우리도 마음에 하나님 모시기를 즐겨합니다.
우리의 중심을 보시옵소서.
우리의 기도입니다.

염려의 처방

 마 6:27 "너희 중에 누가 염려함으로 그 키를 한 자라도 더할 수 있겠느냐?"

과도한 책임을 맡거나 당면한 문제가 도무지 해결책이 보이지 않을 때 우리는 염려할 수밖에 없습니다. 또한 관계의 갈등이 발생해 풀리지 않고 더 힘들어질 때에도 염려할 수밖에 없습니다. 우리가 처한 미래가 암담할 때 걱정을 합니다.

살다 보면 이처럼 많은 염려가 다가옵니다. 염려가 있으면 기도가 올라가지 않고 자꾸 맴돕니다. 기도가 맴돌면 깊이 기도할 수가 없고 하나님의 임재를 경험하기 어려워집니다. 가슴이 답답합니다. 정서적으로 불안해지고 삶의 모든 영역이 막힙니다. 염려는 우리의 삶을 좀먹는 바이러스와 같습니다.

염려는 주로 두 가지로 나뉩니다. 이미 일어나서 속수무책인 상황에 대해 염려하거나 아직 일어나지 않은 상황에 대한 염려입니다. 이 두 가지 염려에 대해 성경은 다른 처방을 내리고 있습니다.

이미 발생한 상황에 대한 처방은 단호합니다. '염려하지 말라'는 것입니다. 주님은 "염려함으로 그 키를 한 자라도 더할 수 있느냐?" 고 되묻고 계십니다. 이미 엎질러진 물이니 염려하지 말고 담담하게 대처하라고 하십니다.

1914년 12월, 에디슨의 실험실에 화재가 났습니다. 그의 필생 사업이 한순간에 잿더미로 변하고 말았습니다. 화재로 인한 손해만 약 2백만 달러였습니다. 어마어마한 돈이었습니다. 보상금은 고작 23만 8,000달러밖에 되지 않았습니다. 에디슨은 이 화재 광경을 당황하지 않고 지켜보다가 아들 찰스에게 어머니를 모셔와 다시 볼 수 없는 화재 현장을 보라고 하였습니다.

세상에서 제일 재미있는 불구경을 놓치지 말라는 것입니다. 재난을 객관화함으로 염려하지 않은 것입니다. 그리고 불길을 바라보며 혼자 중얼거렸습니다. "재난은 가치가 있지. 내 모든 것이 나의 잠깐의 실수로 다 타버렸으니까."

"하나님, 제가 다시 시작할 수 있게 해주셔서 감사합니다."

화재 현장에서 하나님께 감사한 에디슨은 화재가 난 3주 후 인류 최초의 축음기를 발명합니다. 이미 일어난 일을 객관화하는 지혜를 배워야 합니다. 염려는 결코 도움이 되지 못합니다.

아직 일어나지 않은 상황은 기도 가운데 '맡기라'고 하십니다(벧전 5:7). 하나님께 맡기는 것이 겸손입니다. 하나님께 맡기는 것이 믿음입니다. 하나님께 기도로 맡기는 것입니다. 하나님께 맡긴다는 것은 자신이 할 수 없음을 인정하는 것입니다. 우리의 미래는 하나님의 손에 있습니다. 주님께 맡기고 염려하지 않는 훈련이 필요합니다.

오, 주여
어떤 상황에도 염려하지 않는
지혜를 배우게 하소서.
오늘도 기도 가운데
주님께 맡깁니다.
주의 길로 인도하소서.

너희도 가려느냐

 "그때부터 그의 제자 중에서 많은 사람이 떠나가고 다시 그와 함께 다니지 아니하더라"

카카오톡에 들어가 보면 친구에 'shake'라는 기능이 있습니다. 한 번도 써본 적이 없어서 처음에는 무슨 기능인지 몰랐는데, 알고 보니 오랫동안 소식을 나누지 않고 별로 소통이 없는 그냥 명목상의 친구들을 정리해서 털어버리는 기능임을 알게 되었습니다.

보리떡 다섯 덩어리와 물고기 두 마리로 오천 명을 먹이신 후, 배불리 먹었던 사람들이 예수님을 'Welfare King'(복지후생 담당 왕)으로 삼으려 몰려들었습니다. 요즘 표현으로 하면 포퓰리스트 정치인의 모습입니다. 하루하루 먹고 살기 쉽지 않았던 그들의 속셈은 예수님만 지도자로 삼으면 등 따습고 배부를 수 있겠다는 계산이었습니다. 그러나 이러한 세상적인 목적의 '야합'에는 늘 배반의 영이 흐릅니다.

그런 그들에게 예수님은 '생명의 떡'인 자신을 소개합니다. 그들이 온 것은 떡을 먹고 배부르기 때문인데, 그보다 더 중요한 것은 영생의 떡, 생명의 떡을 먹어야 한다고 말씀하십니다.

사마리아 여인에게 생수를 소개했던 때와 비슷한 상황이 벌어지고 있었습니다. 사마리아 여인은 관심을 가지고 주님의 말씀을 들었지만 군중은 인내심이 없었고 관심도 없었습니다.

영적인 말씀을 듣고는 "이 말씀은 어렵도다. 누가 이런 말씀을 받겠는가" 하며 하나둘 떠나가기 시작합니다. 마치 카톡의 'Shake' 기능으로 뿌리가 깊지 못한 친구들을 흔드신 모양새입니다.

삼삼오오 떠나는 사람들의 모습을 바라보시던 주님이 제자들을 보고 묻습니다. "너희도 가려느냐?" 분명코 그 질문에는 주님의 비장한 마음이 섞여 있었을 것입니다.

오늘날 많은 사람이 물질의 복을 얻고 자신의 필요를 충족시키기 위해 교회를 다니고 주님을 따릅니다. 'Consumer Spirituality'(소비자 영성)라고 부르기도 하는 '자기 편의주의'의 모습입니다.

조금이라도 불편하고 자신의 이익에 반하면 얼마든지 돌이켜서 편하고 쉬운 곳을 선택하는 소비사의 모습을 빗대어 표현한 현대판 'Church-goer'(신앙 없이 주일예배만 참석하는 기독교 신자)를 말하고 있습니다.

오늘 우리에게도 주님은 똑같은 질문을 하십니다. "너희도 가려느냐?" 우리도 이 비장하고 심각한 질문 앞에 설 수밖에 없습니다. 나는 무엇 때문에 교회를 다니는가? 나는 무엇 때문에 예수님을 따르는가?

그때 마치 우리 모두의 심령을 대변하듯 베드로가 주님의 질문에 답합니다.

"영생의 말씀이 주께 있사온데 우리가 누구에게로 가오리이까?"

오, 주여
이러한 고백이 우리의 고백이 되게 하옵소서.
그 고백 후에도 넘어졌던 베드로처럼
우리도 때로 넘어집니다.

그러나 우리의 마음이
주를 떠나지 않고 주의 말씀을 붙들게 하옵소서!
주의 말씀만이 우리 발의 등입니다.

사랑의 안경

> 엡 3:18-19 "그리스도의 사랑을 알고 그 너비와 길이와 높이와 깊이가 어떠함을 깨달아 하나님의 모든 충만하신 것으로 너희에게 충만하게 하시기를 구하노라"

시카고 출신의 바비 킴이라는 이민 1.5세 가수가 한국에서 발표한 곡 중에 '사랑 그놈'이란 노래가 있습니다. 특이한 목소리로 상당히 각광을 받은 곡입니다.

늘 혼자 사랑하고 혼자 이별하고
늘 혼자 추억하고 혼자 무너지고
사랑이란 놈 그놈 앞에선
언제나 나는 빈털터리일 뿐

사랑 타령으로 조금은 유치해 보일 정도의 가사입니다. 그런데 특이한 것은 사랑을 객관화해서 '사랑 그놈'이라고 자조적으로 부르고 있습니다. 과연 사랑을 객관화해서 비교하고 측량하는 것이

가능할까요? 사랑의 폭과 길이와 높이와 깊이를 잴 수 있고 알 수 있을까요? 사도 바울은 그것을 깨달으라고 기도하고 있습니다. 우리가 그리스도의 사랑의 높이와 깊이를 깨달아 알기 원한다는 기도입니다.

지난 2000년 동안 주님의 사랑을 깨달았던 수많은 믿음의 선배들이 하나님의 사랑을 노래했습니다. 사랑에 빠진 사람에게는 공통점이 있습니다. 사랑은 안경이라는 점입니다. 일단 사랑이라는 안경을 쓰면 살맛이 납니다. 왜냐하면 사랑이라는 안경을 쓰면 모든 것이 아름답기 때문입니다. 사랑이 살맛나게 합니다. 또한 사랑하는 사람은 항상 아름답습니다. 그래서 "사랑을 하면은 예뻐져요" 하고 노래를 합니다. 왜냐하면 사랑은 사람을 변하게 만들기 때문입니다.

오직 주의 사랑에 매여
내 영 기뻐 노래합니다
이 소망의 언덕 기쁨의 땅에서
주께 사랑 드립니다

주의 사랑에 매이면 기쁨의 노래를 하게 되고 현재 처해 있는 곳이 소망의 언덕, 기쁨의 땅으로 바뀌는 것은 사랑이 우리를 변화시키기 때문입니다. 그래서 사랑하는 사람의 입에서는 항상 복된 말이 나옵니다. 아름다운 향기가 납니다.

사도 바울은 그리스도의 사랑에 사로잡혀 살았습니다. 바울은 죄인인 그를 사랑해주신 주님의 사랑이 너무 감사했습니다. 그 사랑에 사로잡히는 순간부터 그가 그동안 자랑하고 붙잡고 살았던 모든 것을 배설물처럼 포기할 수 있었습니다.

예수님의 사랑만 생각하면 행복했습니다. 예수님을 전하는 것이 그에게 가장 큰 기쁨이 되었습니다. 사랑의 대상이 주님이 되면 그 삶의 깊이가 달라집니다. 삶의 색깔이 달라집니다. 사랑의 폭과 길이, 그리고 높이와 깊이는 측량할 수 없을지라도 말로 다 형언할 수 없는 기쁨과 감사가 물밀듯이 심령에 넘치게 됩니다. 바로 이것이 우리의 속사람을 능력으로 강건하게 세우시는 하나님의 방법입니다.

이러한 하나님의 방법을 성령 충만이라고 사도 바울은 소개합니다. 성령 충만은 그리스도의 사랑에 매여 그 사랑의 안경을 쓰는 것입니다. 그러면 3D 카메라를 가지고도 도저히 측량할 수 없었던 그리스도의 사랑을 알고 "그 너비와 길이와 높이와 깊이"를 노래할 수 있는 소망의 언덕, 기쁨의 땅으로 나아갈 수 있습니다.

오, 주여
그 사랑에 매여
그 사랑의 안경을 쓰고
예수의 꿈을 꾸는 자가 되기 원합니다.
우리 모두의 기도입니다.

바라는 것들의 실상

> 빌 4:19 "나의 하나님이 그리스도 예수 안에서 영광 가운데 그 풍성한 대로 너희 모든 쓸 것을 채우시리라"

최근 한국에서 인기리에 방송되던 '복면가왕'이 미국과 콘텐츠 계약을 맺고 수출되어 Fox TV에서 'Masked Singer'라는 제목 하에 리메이크 제작 방송되어 상당한 인기를 끌고 있다는 소식입니다.

그 외에도 여러 드라마들의 콘텐츠가 수출되어 미국판으로 제작 방송되고 있다는 흐뭇한 소식입니다. 이제 중요한 것은 어떤 형식을 갖추는 것이 아니라, 콘텐츠(내용)라는 인식이 깊어져서 외양보다는 내용에 치중하는 경향이 연예물이나 기업 등 사회 전반에 나타나고 있습니다. K-Pop이 이렇게 세계적으로 유명해진 것도 동양적인 외양에 치중해 그저 호기심을 끄는 정도에서 벗어나 콘텐츠(내용)에 치중하고 이러한 콘텐츠가 외형의 제한을 뛰어넘어 세계화된 결과라 할 수 있습니다.

문제는 바로 콘텐츠의 풍성한 개발에 있습니다. 그러면 가장 한국적인 것이 가장 세계적인 것이 될 수 있습니다. 그런데 성경에서

'실상'이라는 말씀이 바로 현대적 표현에 있어 콘텐츠에 해당하는 표현입니다.

"믿음은 바라는 것들의 실상이요…"

바라는 것만으로는 콘텐츠가 없다는 말씀입니다. 바라는 것은 외양이고 형식일 뿐 실제로 결과가 나타나지 않는 제한된 상태라는 것입니다. 그러나 바라는 것에 믿음이 더해지면 결과가 달라집니다. 그러한 의미가 바로 "믿음은 바라는 것들의 실상"이라는 말씀입니다. 믿음이 실상, 콘텐츠입니다. 믿음은 바라는 것들을 이루어지게 하는 실상이요, 콘텐츠입니다.

그래서 영어로는 실상을 'substance'(밑에 받치는 것)라는 의미의 헬라어 '후포스타시스'를 그대로 직역해서 쓰고 있습니다. 바라는 것들을 밑에서부터 받쳐 이루게 한다는 의미입니다. 이러한 믿음은 반드시 말씀이 선행되어야 합니다. 사도 바울은 "믿음은 들음에서 나며 들음은 그리스도의 말씀으로 인함이라"고 못을 박습니다. 그러니까 믿음의 콘텐츠는 말씀이고, 우리가 바라는 것들의 콘텐츠는 말씀으로 말미암아 생성된 믿음이라고 정의할 수 있습니다.

감옥에 갇혀 있던 노사도에게 연보를 보내 소위 영치금을 넣어준 빌립보 교인들에게 감사하며 그들을 축복하는 바울은 물질적인 축복의 말씀을 보냅니다. "모든 쓸 것을 채우시는" 하나님의 풍성함으로 축복합니다.

이 축복의 말씀으로 형성된 믿음이 빌립보 교인들의 바라는 것들의 실상(콘텐츠)이 되어, 빌립보 교인들은 항상 물질적인 부와 여유를 누리며 주변의 형제자매들을 돕는 기쁨이 가득한 교회가 됩니다.

    오, 주여
    우리에게 항상 말씀을 주사
    우리의 바라는 것들의 콘텐츠인
    믿음이 있게 하옵소서.
    오직 믿음만이 바라는 것들의 실상입니다.

'이미'와 '아직'의 사이

> 롬 8:25 "만일 우리가 보지 못하는 것을 바라면 참음으로 기다릴지니라"

　기다리는 것이 쉬운 사람은 아무도 없습니다. 외교가에서는 러시아의 푸틴 대통령이 약속 시간을 잘 안 지키는 국가 원수로 외교적 결례를 일삼는 무례한 대통령으로 알려져 있습니다. 약속 시간에 일부러 조금 늦게 가야 더 무게를 지닌다고 생각하는 이상한 '스타 의식'을 지닌 사람이 있습니다. 푸틴이 그런 타입의 정치가로 꼭 30분 때로는 한 시간 늦게 나타나 국가 원수들 간에 불편한 마음을 갖게 한다고 합니다.

　성경의 기다림은 '이미'와 '아직' 사이에서의 기다림입니다. 우리의 간구는 하나님의 시간(카이로스)에서는 이미 이루어졌지만 우리의 시간(크로노스)에서는 아직 이루어지지 않은 '이미'와 '아직' 사이의 기다림입니다. 그래서 주님은 "뜻이 하늘에서 이루어진 것같이 땅에서도 이루어지이다"라고 기도를 가르치십니다. 사도 바울은 이러한 주님의 가르침을 해석해서 "보지 못하는 것을 바라면 참음으로 기다리라"고 권면합니다. 성경에는 이러한 '이미'와 '아직' 사이의 기다림에 따르는 두 가지 다른 형태의 열매를 말씀하고 있습니다. 바로 오래 참음과 인내입니다.

오래 참음(long-suffering)은 성령의 열매이며 그 참는 대상이 사람입니다. 그렇기에 사랑에 따라 나타나는 열매입니다. 고린도전서 13장에는 사랑의 가장 첫 번째 성품으로 "오래 참고"를 언급합니다. 더 사랑하는 사람이 더 참고 더 기다리게 되어 있습니다.

한편 인내(patience)는 그 참음의 대상이 환경이나 상황입니다. 그래서 인내는 믿음에 따라 나타나는 열매입니다. 기도하고 구한 것은 받은 줄로 믿고 흔들리지 않는 인내를 요구합니다. 예수께서도 "항상 기도하고 낙심하지 말아야 할 것"(눅 18:1)을 말씀하시면서 과부의 강청하는 비유를 가르치십니다. 흔들리지 않는 인내를 강조하신 것입니다. 믿음과 인내는 불가분의 관계에 있습니다.

우리는 이러한 '이미'와 '아직'이라는 두 벽 사이에 서서(겔 22:30) '또 하나의 열매'를 바라며 기다리는 사람들입니다. 기다림의 열매를 맺으며 '이미'와 '아직' 사이의 간격을 좁히고자 기도하는 사람들입니다.

오, 주여
오늘도 '이미'와 '아직' 사이에
서서 기도합니다.
주여, 돌아오소서!
슈바 아도나이!

채워 주소서

 "(아무것도) 우리를 우리 주 그리스도 예수 안에 있는 하나님의 사랑에서 끊을 수 없으리라"
롬 8:39

몇 년 전 소천하신 존 윔버 목사님은 원래 1960년대 말 Righteous Brothers(라이처스 브라더스)라는 팝 그룹의 일원으로 활동해서 많은 히트곡을 발표한 바 있습니다. 그중 하나가 불멸의 히트 곡인 'Unchained Melody'입니다.

영화 '사랑과 영혼'에서도 타이틀곡으로 다시 소개되어 세대를 막론하고 감성을 터치하는 사랑의 발라드가 된 노래입니다. 원래 가수이며 건반주자였던 윔버 목사님은 예수님을 순수하게 사랑하는 청년이었습니다. 그가 일생을 주님께 드리기로 서원하고 발표한 곡이 잘 알려진 '오 나의 자비로운 주여'입니다.

오 나의 자비로운 주여 나의 몸과 영혼을
주님 은혜로 다 채워주소서
이 세상 괴롬 걱정 근심 주여 받아주시고

힘든 세상에서 인도하소서

모여라 주께 찬양하라 나의 귀한 친구야
주 이름 앞에 너 두 손 모으고
오 너의 슬픈 세상 눈물 너의 쌓인 아픔을
십자가 앞에 너 모두 버리고
예수 오 예수 지금 오셔서
예수 오 예수 채워 주소서

이러한 그의 감성과 영성은 바로 사도 바울의 로마서 8장에서 온 영감으로 말미암았습니다. "아무것도 우리를 하나님의 사랑에서 끊을 수 없다"는 그 확신을 불러일으킨 것이 캘리포니아를 휩쓸었던 'Jesus Movement'(젊은이들의 그리스도교 운동)였습니다.

그들은 당시 반전운동과 마리화나 열풍으로 미국을 물들게 했던 히피운동에 카운터 열풍을 일으켜 퇴폐풍조에 물든 이들을 예수께 돌이키는 신선한 영적 운동을 일으킵니다. 그리고 선발주자였던 Calvary Chapel(갈보리채플)의 척 스미스 목사님과 함께 큰 족적을 남깁니다.

그 당시 히피운동의 대표곡이 'If you're going to San Francisco'(샌프란시스코에 가면 머리에 꽃을 꽂으세요)였고, 예수운동에서는 바로 '오 나의 자비로운 주여', '목마른 사슴'(마라나타 음악) 등이었습니다.

술과 마약에 젖어 흐느적거리는 젊은이들을 주님께로 돌아오게 하는 방법으로 하나님께서 사용하셨던 방법이 찬양이었습니다. 당시 사탄의 전략으로 사용되었던 것도 음악이었습니다.

뉴욕 주 우드스탁에서 비롯된 히피음악의 파급효과가 샌프란시스코까지 미국 전역을 덮었습니다. 여기에 맞서 강력한 하나님의 영성운동으로 영적 전쟁을 일으켜 젊은이들을 주님께 돌아오게 한 것이 'Jesus Movement'의 'CCM'입니다.

그 중앙에 섰던 분이 윔버 목사님입니다. 그리고 그 모든 영적 파워가 로마서 8장의 예수 그리스도에 나타난 하나님의 사랑입니다. "아무것도 우리를 하나님의 사랑에서 끊을 수 없다!" 하나님은 반드시 그 시대에 맞게 하나님의 백성들을 일으키시고 돌이키십니다. 하나님의 끊을 수 없는 사랑을 알게 하십니다.

오, 주여
이 시대에도 흑암의 세력이
젊은 세대를 빼앗아가고 있습니다.
그들을 다시 돌이키고
하나님의 사랑을 알게 할 하나님의 전략을
보여주소서.
깨닫게 하소서!
우리를 그 도구로 쓰임 받게 하소서!

매일 얻는 보물

지식은 과거로부터 배우는 것입니다. 가장 귀한 지식은 '하나님의 과거'인 하나님의 말씀입니다. 그 말씀을 묵상하며 매일 보물을 얻는 것입니다. 이렇게 얻어진 지식이 쌓일 때 어느 순간부터 지식의 활용이 일어나기 시작하고 이것이 하나님이 주시는 지혜입니다.

탄식에서 찬양으로

> **시 13:5** "나는 오직 주의 사랑을 의지하였사오니 나의 마음은 주의 구원을 기뻐하리이다"

솔직함을 말하는 영어 표현 가운데 'brutally honest'라는 표현이 있습니다. '야만스러울 정도로 정직한'이란 의미입니다. 시편 150편 전체를 통틀어 가장 '끔찍할 정도로' 정직한 시편이 바로 다윗의 시편 13편입니다.

여호와여 어느 때까지니이까?
나를 영원히 잊으시나이까?
주의 얼굴을…어느 때까지 숨기시겠나이까?
How long, Lord?

듣기만 해도 그냥 눈물이 주르륵 흐를 것 같은 탄식입니다. 기도가 오랫동안 응답되지 않고, 어려운 상황이 끝없이 지속되는 것 같을 때 입에서 터져 나올 수밖에 없는 안타까움의 탄식입니다.

상황은 조금씩 다를지 몰라도 이런 경험을 해보신 분들이 많이 있을 줄 압니다. 그 아프고 상한 심령으로 눈물을 쏟고 외칠 때의 심정은 참담할 따름입니다.

사울에게 끊임없는 추격을 받으며 고달픈 도망자 신세로 오랜 세월을 지내면서 다윗은 정말 견디기 힘들었던 자신의 마음을 쏟아냅니다. "도대체 언제까지입니까?" 하고 토로합니다. 이렇게 인생의 여러 굴곡을 경험한 다윗은 우리에게 중요한 깨달음을 시편 51편에 나누고 있습니다. "하나님이 구하시는 제사는 상한 심령이라…상하고 통회하는 마음을 주께서 멸시치 아니하신다."

이렇게 아프고 참담하게 느껴지기까지 '솔직하고 정직한' 우리의 예배와 기도는 하나님의 마음을 터치하는 제사라는 것입니다. 절대로 멸시하지 않으시고 반드시 기억하신다는 것입니다. 그 과정에 함께하시며 우리와 함께 아파하신다는 것입니다. 그리고 마침내 회복시킨다는 것입니다.

아우슈비츠 수용소에 대한 스토리가 있습니다. 제2차 세계대전이 끝나고 아우슈비츠 수용소의 방을 점검하던 미국인 병사가 벽에서 발견한 글귀입니다.

"Where is God?"(하나님은 어디 계시는가?)

자신도 이 끔찍한 곳에 수용되었다면 당연히 그렇게 생각했을 거라며 지나치던 미군 병사가 그 밑에 있는 다른 글을 발견합니다. 뾰족한 것으로 벽을 긁어 쓴 글입니다.

탄식에서 찬양으로

"God is nowhere"(하나님은 아무 곳에도 안 계시다)라고 쓴 것이지만 철자가 띄어져 있어 "God is now here"(하나님은 지금 이곳에 계신다)로 읽히더라는 고백입니다.

북한의 정치범들이 수용된 요덕수용소에는 기독교인들이 수용되어 끔찍한 환경 가운데 벌거벗긴 채로 고무치마만 입고 뜨거운 용광로에서 강제노동을 당하고 있다고 합니다.

그 환경에서도 그들의 입에서 흘러나오는 나직한 소리가 바로 찬송가의 멜로디였다는 어느 탈북자의 증언이 있습니다. 비록 암울하지만 그 속에서 찬양하며 등이 굽은 채로 부르는 찬송을 하나님은 어떻게 들으실까요?

우리가 살아가는 동안 주님이 가깝게 느껴질 때가 있는가 하면 멀게 느껴질 때도 있습니다. 그러나 이러한 느낌은 '우리와 주님이 실제로 어떤 상태에 있는가'와는 관계가 없습니다. 우리 영혼의 실제 상태는 우리가 어떻게 느끼느냐에 달려 있는 것이 아니라, 주님이 어떤 분이며 우리가 그분과 어떤 관계를 맺고 있는가에 달려 있습니다.

주님을 간절히 찾는다고 하면서도 실제로는 주위 환경과 사람을 바라보는 경우가 많습니다. 우리의 영적인 눈이 뜨인다면 환경이 어떠할지라도 찬양할 수 있는 마음이 되는 것이 바로 시편 13편 5절에 나타난 다윗의 마무리입니다.

"나는 오직 주의 사랑을 의지하였사오니 나의 마음은 주의 구원을 기뻐하리이다"

탄식에서 찬양으로 바뀐 찬송은 두 손을 주께 높이 든 찬양입니다. 눈물이 절로 날 수밖에 없는 찬송입니다. 그러나 이것이 하나님이 우리에게서 구하시는 예배입니다.

내 손을 주께 높이 듭니다
내 찬양 받으실 주님
내 맘을 주께 활짝 엽니다
내 찬양 받으실 주님
슬픔 대신 희락을 재 대신 화관을
근심 대신 찬송을 찬송의 옷을 주셨네.

성령의 인도

 "무릇 하나님의 영으로 인도함을 받는 사람은 곧 하나님의 아들이라"

동물의 IQ를 측정하는 기계가 있어 비교 측정한다면 IQ가 제일 높은 짐승은 아무래도 원숭이가 될 가능성이 높고, 제일 낮은 짐승은 양일 것입니다.

양은 작은 파리 떼가 날아와서 자신의 코에 알을 까고 부화를 해서 애벌레가 되어 자신의 머리를 파고 들어가도 알지 못하고 당하는 어리석은 짐승입니다. 자기 바로 앞에 있는 꼴을 먹고 다 없어지면 옆에 있는 풀을 보고 찾아먹어야 하는데, 그것도 모르고 계속 맨땅에 헤딩하듯 흙을 파는 미련한 짐승입니다.

양과 염소를 비교하면 염소는 얼마나 영리한지 모릅니다. 염소는 애완용(pet)으로 키울 정도로 영리하다고 합니다. 애완용으로 키우는 'goat farm'(염소 농장)이 있을 정도입니다.

그런데 성경에 하필이면 왜 그렇게 IQ도 낮고 미련한 짐승을 비유로 해서 이스라엘 백성들을 양이라고 하셨을까요? 물론 팔레스

타인에서 쉽게 볼 수 있는 짐승이 양이라 그럴 수도 있습니다.

그러나 거기에는 하나님의 백성들을 늘 인도하고 싶어 하는 하나님의 마음이 담겨 있습니다. 양은 미련한 짐승이라 꼭 목자가 필요하고, 목자의 인도에 따라 푸른 초장과 쉴 만한 물가로 인도되기 때문입니다.

예수를 진실되게 영접하고 성령이 임하면 가장 먼저 시작되는 역사가 있습니다. 바로 우리를 인도하시기 원하는 성령의 의지가 나타납니다. 하나님의 소원입니다. 이때 중요한 것이 그분의 인도하심에 자신을 맡기기 시작해야 인도를 받는다는 것입니다.

내게 목자가 있고 그분이 주인 되심을 인정하는 것입니다. 그동안 '주인 삼았던 모든 것을 내려놓기' 시작해야 합니다. 이것이 양의 습성입니다. 미련한 것 같아도 실제로는 가장 현명한 습성을 지닌 짐승입니다.

이것을 사도 바울은 "그리스도와 함께 십자가에 못 박혔나니 그런즉 이제는 내가 사는 것이 아니요 오직 내 안에 그리스도께서 사시는 것이라"(갈 2:20)라고 합니다. 내가 죽고 그리스도가 나타날 때 성령의 인도하심은 늘 우리와 함께하시게 됩니다.

과연 내가 죽었다는 것이 무엇일까요? 깊이 묵상하기 시작해야 합니다. 먼저 습관적으로 떠오르는 생각들, 편리한 생각들부터 부인해야 합니다. 의례적으로 하던 일부터 재정비하는 것입니다.

그리고 성령께 묻는 습관을 들이십시오. 그분의 인도는 처음엔 느려 보일 수 있습니다. 기다리십시오. 양의 습성을 따르는 것입니다. 습관의 혁명은 그분의 엄청난 인도를 경험하게 합니다.

오, 주여

오늘도 주의 인도를 기대합니다.

우리는 주의 양입니다.

갈 길을 보이시옵소서.

Show us Your way!

우리를 더럽히는 것들

마 15:19-20 "마음에서 나오는 것은 악한 생각과…이런 것들이 사람을 더럽게 하는 것이요"

톨스토이의 한 단편은 우리에게 많은 것을 가르쳐주고 있습니다. 어느 목사님에게 두 여인이 찾아왔습니다. 한 여인은 자기는 큰 죄를 지은 죄인이라며 하염없는 눈물을 흘렸고, 또 한 여인은 자기는 일생 큰 죄는 짓지 않았지만 자질구레한 잘못은 많았다고 했습니다.

목사는 두 여인에게 이렇게 말합니다. "큰 죄를 지은 자매님은 들 수 있는 가장 큰 돌덩이를 가져오십시오. 자질구레한 잘못이 많으신 자매님은 조그만 돌멩이를 치마폭에 가득 주워 오십시오."

한참 후에 두 여인은 목사가 시키는 대로 돌을 들고 돌아왔습니다. 한 여인은 커다란 바위와 같은 돌을 힘겹게 옮겨왔고, 다른 여인은 잔돌들을 치마폭 가득 주워왔습니다.

이를 보고 목사는 다시 말합니다. "미안하지만 이번에는 그 돌들을 제자리에 갖다 놓고 오십시오." 큰 바윗돌을 가져온 여자는 다시 낑낑거리며 바윗돌을 제자리에 갖다 놓습니다. 가져온 곳을 분명히 알고 있었기 때문입니다.

그러나 조그만 돌들을 치마폭에 가득히 주워온 여인은 어찌할 바를 몰라 쩔쩔매고 있었습니다. "바로 그겁니다!" 하고 목사가 여인에게 말합니다. "하나님께 지은 죄도 바로 이와 같습니다."

일생 동안 별로 큰 죄를 짓지 않고 자질구레한 잘못만 저질렀다는 여인에게 말합니다. "자매님은 하루하루 이러저러한 죄를 지으면서도 하나님께 죄책감 없이 일생을 살아왔기 때문에 많은 죄를 짓고도 회개 한 번 하지 않았던 것입니다. 그러나 이 여인은 큰 죄를 짓고 이렇게 통회하고 자복하고 있습니다. 하나님의 은혜가 누구에게 더 역사할까요?"

우리를 더럽히는 것이 무엇입니까? 바리새인들은 더러운 것을 먹지 않음으로 자신을 깨끗하게 지킬 수 있다고 믿고 있었습니다. 그러한 그들에게 주님은 파격적인 가르침을 주십니다.

"No, it's not food. It's what comes out from you that makes you dirty"(음식이 아니다. 너에게서 나오는 것이 너를 더럽게 한다).

우리의 마음에서 나오는 악한 생각들이 우리를 더럽힌다고 말씀합니다. 알게 모르게 우리를 오염시키는 마음의 생각들을 회개하지 않고 지나칠 때, 톨스토이의 작품에 등장하는 여인처럼 회개할 줄 모르고 하나님과의 소통이 닫히는 상황에 처하게 됩니다.

사도 바울은 이러한 주님의 말씀을 받아서 다시 한번 강조합니다. "모든 생각을 사로잡아 그리스도에게 복종"(고후 10:5)하라고 합니다. 악한 생각을 그때그때 회개함으로 깨끗함을 받으라고 말씀합니다.

오, 주여
무심코 우리 마음에서 나오는 것이
우리를 사로잡고 더럽히는 것을 봅니다.
모든 생각을 사로잡아
그리스도께 복종하게 하소서.
회개의 영이 늘
우리와 함께하도록 하소서!
이 아침의 기도입니다.

하나님이 기뻐하는 금식

 사 58:6 "내가 기뻐하는 금식은…압제당하는 자를 자유하게 하며 모든 멍에를 꺾는 것이 아니겠느냐"

체질적으로 금식을 잘 못하는 사람이 있습니다. 한두 끼만 굶어도 헛것이 보이고 별이 보이는 사람은 금식을 하기에 어려운 체질입니다.

저도 젊었을 때는 2-3일 금식은 거뜬히 했고, 사순절 때는 한두 주 특별 금식도 했는데, 이제는 하루에 한두 끼만 굶어도 저혈당이 와서 어지럽기까지 합니다.

40일 금식은 못하더라도 40시간 금식을 하면서 기아선상에서 허덕이는 영혼들의 고통을 함께 겪어보자고 젊은 청년들과 청소년들을 대상으로 월드비전에서 하는 '30 Hour Famine'(30시간 기아체험) 운동을 벌인 적이 있습니다.

실제로 굶주리는 것이 무엇인지를 직접 체험하면서 기아선상에서 죽어가는 지구 반대편에 있는 아이들을 돕자는 캠페인이었습니다. 그리고 그 금식기간 동안의 식사비를 모금하여 굶주리고 있는 나라에 보내도록 했습니다. 또 소위 '기아체험'이라고 불리는 'Feed the Hungry'의 체험도 시키면서 함께 해보았습니다. 이러한 체험을 같이하면서 나누었던 청소년들의 간증은 다양했습니다.

자신이 먹을 것이 없어서 이렇게 굶어야 한다면 정말 비참할 것 같다고 이구동성으로 말하는 것을 들었습니다. 음식을 아무렇게나 버리지 말고 아껴야겠다는 아이도 있었습니다. 현실적인 깨달음입니다. 더 구체적인 간증은 먹고 싶은 욕망이 어찌나 큰지 자꾸 햄버거가 떠오르고, 라면과 자장면 생각이 너무 나서 수련회 기간 동안 오히려 말씀에 집중하지 못했던 자신이 부끄러워 회개했다는 간증도 있었습니다.

또 다른 간증은 목마른 사슴이 시냇물을 찾아 헤매고 양이 푸른 초장에서 마음껏 꼴을 먹는 것이 무엇인지 마음에 깨달아지고 그려지더라는 간증이었습니다. 어린아이들이라 모두 먹는 것과 연결된 간증이었습니다.

먹는 것이 일과에서 빠시다 보니 하루가 얼마나 길어지는지 모릅니다. 먹는 것에 연관해서 소모하는 시간이 하루 24시간 중에 차지하는 비중이 상당히 큰 것을 발견합니다.

동시에 우리 자신의 욕구를 부인하게 됩니다. 우리 안에 있는 욕구가 얼마나 우리를 사로잡아 왔었는지를 알게 됩니다. 그것을 부인하고 그런 욕구로부터 자신을 정해진 시간 동안이라도 탈출시키는 것이 금식을 통해 얻게 되는 소득입니다.

이러한 자기부인은 우리의 영을 예민하고 민감하게 합니다. 우리 자신을 얽매고 있던 멍에의 사슬이 무엇이었는지 들여다볼 수 있는 내면의 시간을 갖게 합니다. 그리고 그 멍에를 끊을 수 있는 영적 파워를 경험하게 합니다.

오, 주여
우리의 영이 예민해지기 원합니다.
자신을 부인하는 훈련을 하도록 하소서!

하나님의 가죽옷

 "너희는 택하신 족속이요 왕같은 제사장들이요 거룩한 나라요…이는 너희를 어두운 데서 불러내어 그의 기이한 빛에 들어가게 하신 이의 아름다운 덕을 선포하게 하려 하심이라"

크리스천들이 알게 모르게 갖는 오해 중 하나가 겸손에 대한 이해입니다. 성경에 '교만한 자를 대적'하시는 하나님에 대해 가르치며 겸손을 강조하다 보니, 어느새 사뭇 비굴해 보이는 자기 자신의 모습을 발견할 때가 있습니다.

겸손과 비굴은 다릅니다. 비굴은 자기비하입니다. 우리의 정체성은 하나님이 우리를 어떻게 보시는지에 대한 말씀에 따라 정해집니다. "내가 누구인가?"를 깨달아가는 것이 하나님과의 관계에서 오는 자존감입니다.

크리스천의 겸손은 비굴한 겸손이 아니라 당당한 겸손입니다. 자칫 유교적 세계관에서 오는 '자기를 감추는' 것을 겸손의 미덕으로 이해할 때 비굴해질 수 있고 위선을 행할 수 있습니다.

성경은 '자신을 감추는' 것보다는 오히려 '자신을 드러내는' 것을 말씀합니다. "아담아 네가 어디에 있느냐?"는 질문에는 이미 네 자신을 드러내라는 하나님의 명이 담겨 있습니다.

그러므로 '자신의 결점과 잘못을 솔직하게 드러내는' 것을 성경적 겸손으로 볼 수 있습니다. 동양적 'shame culture'(수치의 문화)는 부끄러움을 숨기는 문화이지만, 성경은 우리의 부끄러움을 드러낼 때 하나님께서 가죽옷을 입히고 감춰주시는 것을 말씀합니다.

따라서 내 스스로 만든 가죽옷을 입느냐 하나님이 만들어 입혀주시는 가죽옷을 입느냐가 위선과 겸손의 차이라고 할 수 있습니다.

양키스 구단의 전설적 마무리 투수였던 마리아노 리베라 선수가 미국 프로야구 사상 최초로 425명 야구기자단 전원일치 선정으로 명예의 전당에 들어가게 되었습니다. 파나마의 가난한 동네에서 마분지로 야구 글러브를 만들어 공을 받던 어린 소년이 양키스 구단에 입단하여 18시즌 동안 652 save의 경이적 기록을 달성하는 슈퍼스타가 되었습니다.

그러나 한 번도 스타들의 거들먹거림을 보이거나 자신의 잘난 모습을 뽐낸 적이 없고, 한결같은 겸손으로 모든 사람을 대했다고 기자들은 이구동성으로 밝히고 있습니다.

그러면서도 마운드에 서면 굽힐 줄 모르는 엄청난 파워와 기세로 상대 타자를 압도한 당당함이 있었습니다. 비결은 하나님과의 동행이었습니다. 시간 시간마다 성공의 시간이나 실패의 시간이나 자신의 가죽옷을 벗고 하나님이 입혀주신 가죽옷을 입으며 자신의 정체성을 기억했기 때문입니다.

　그리고 항상 자신이 어디에서 왔는지를 기억하고 하나님의 기이한 빛에 들어가게 하신 그분을 찬양하였고, 그분의 아름다운 덕을 선전하였습니다.

하나님의 가죽옷!
우리 모두에게 매일매일
갈아입혀 주시는 그분의 옷입니다.

오, 주여
오늘도 그 옷을 입고 주님의
아름다운 덕을 마음껏 선전하게 하소서.
우리의 소원입니다!

영상 편지

 사 64:1-2 "원하건대 주는 하늘을 가르고 강림하시고…이방 나라들로 주 앞에서 떨게 하옵소서"

한국의 남이섬에 가면 욘사마 배용준과 최지우 주연의 '겨울연가'라는 드라마 촬영 현장이 있습니다. 일본에서 대박을 일으켰던 드라마로 많은 일본 관광객들을 끌었던 것으로 알려져 있습니다.

규모는 작지만 아기자기한 짜임새로 외국 관광객들의 눈길을 끌고 있습니다. 그런데 그 인기몰이가 아무래도 한시적일 수밖에 없는 것이 그 규모가 작아서입니다.

그런데 뉴질랜드에 가면 엄청난 규모의 영화촬영 현장을 만나게 됩니다. '반지의 제왕'이라는 영화 시리즈 3편의 촬영 현장입니다. 북섬과 남섬 여러 곳에 편재되어 있는데, 그 규모가 엄청납니다.

북섬도 그렇지만 남섬의 아름다움은 말로 형언하기 어려울 정도입니다. 그냥 자연이 주는 장엄함이라고 말하기에는, 우리의 표현력의 부족을 통감할 수밖에 없습니다.

시편 기자들의 시적 감흥은 우리의 언어적 표현력을 훨씬 뛰어넘습니다. "하늘이 하나님의 영광을 선포하는" 모습을 "해는 신방에서 나온 신랑과 같다"라고 묘사합니다.

천둥소리를 묘사하며 "여호와의 소리가 백향목을 꺾으심이여"라고 말씀합니다. 번개를 묘사할 때는 우리가 부흥이라는 찬양에서 부르듯이 "하늘 가르시고"라고 표현합니다. 우리 주님이 강림하실 때 모습을 마치 하늘을 가르는 번개와 같이 임하신다고 묘사합니다.

젊었을 때 좋아하던 팝송 가운데 'Poetry in Motion'(움직이는 시)란 노래가 있었습니다. 요즘 표현으로 번역하면 '영상 시'라 할 수 있습니다. 사랑에 빠진 연인을 '움직이는 시'와 같다고 노래하고 있습니다.

　　When I see my baby(내가 당신을 볼 때)
　　What do I see?(내가 무엇을 볼까요?)
　　Poetry, Poetry in motion(시, 움직이는 시)

아마도 하나님께서 우리를 바라보실 때 사랑에 빠진 연인의 모습으로 보시기에 '움직이는 시'와 같다고 느끼실 것입니다. 그래서 사도 바울은 우리를 하나님의 만드신 바 작품(엡 2:10)이라고 묘사합니다. 헬라어 원어는 물론 'Poema'(시)입니다.

하나님이 우리를 사랑하듯 우리가 하나님을 사랑하게 되면 그 어떤 것을 바라보더라도 하나님의 솜씨를 보고 찬양하게 됩니다. 시편 기자들의 자연을 바라보며 느낀 감흥이 바로 이러한 'Poetry in motion'(영상 시)이었습니다.

그런데 그러한 영상 시는 자연에 국한된 것이 아닙니다. 교회에서 성도들을 만나도 아름답게 보이고, 식구들에게 그렇게 감사하며 멋있게 보이기 시작합니다. 마치 살아 움직이는 영상 시와 같이 보입니다.

말씀과 기도 가운데 하루하루 변화되고 성장하는 살아 있는 생물과 같이 보입니다. 그렇게 하나님께서 우리 안에, 그리고 우리가 하는 모든 일 안에 쓰시는 '살아 역사하는 시'를 보면 이방 사람들도 주 앞에서 떨게 되어 있습니다.

살아서 역사하기 때문입니다. 엄청난 파워를 보기 때문입니다. 그래서 사도 바울은 우리를 그리스도의 편지라고 말씀합니다. 바로 '영상 편지'입니다.

Poetry in Motion(움직이는 시)
바로 하나님께서 보시는
우리의 모습입니다.

오늘도 하나님께서는 그분의 영상 시를
우리의 삶 가운데 쓰고 계십니다.

가만히 있어!

 욥 37:14 "가만히 서서 하나님의 오묘한 일을 깨달으라"

어릴 때 저는 씻는 것을 별로 좋아하지 않았습니다. 발을 오랫동안 안 씻어 까마귀가 와서 친구하자고 할 거라고 누나들이 놀리곤 했습니다. 특히 어머니가 머리를 감겨주실 때 비누가 눈에 들어가 따가운 것이 싫었습니다.

씻는 것 자체를 좋아하지 않던 어린 시절이었습니다. 싫어서 몸을 가만히 있지 못하고 비틀 때마다 어머니는 따끔하고 준엄하게 야단을 치셨습니다. "가만히 있어!"

그런데 일단 머리 감는 것을 마치면 그렇게 시원할 수가 없습니다. 때구정물이 말끔히 가신 모습에 광이 납니다. 어린 제 눈에도 보기가 훨씬 낫고 냄새가 안 납니다. 그러면 다시 해방되어 뛰어나갑니다.

성경에서 "너희는 가만히 있어 내가 하나님 됨을 알지어다"(시 46:10)를 묵상할 때마다 어머니의 그 준엄하고 단호하시던 목소리 "가만히 있어!"가 기억이 납니다.

하나님이 나타나시고 일하시는 장면에는 여러 군데에서 "가만히 있어"라는 명령이 따르는 것을 볼 수 있습니다. 그 말씀을 받아 엘리후도 욥을 설득할 양으로 "가만히 서서 하나님의 오묘한 일을 깨달으라"고 말합니다.

절체절명의 순간에 출애굽한 이스라엘 백성들 앞에 홍해가 갈라진 것은 이러한 "가만히 있어"를 행함으로 보이신 대표적인 하나님의 사건입니다. 연이어 계속된 출애굽의 행군에서 이러한 하나님의 역사는 계속됩니다.

아말렉 족속들이 쳐들어왔을 때 여호수아는 군대를 이끌고 수비진을 구축합니다. 그들의 악전고투 중에도 모세가 두 손을 들고 기도하면 이스라엘이 이겼고 손을 내리게 되면 아말렉이 득세했는데, 그 사건은 전투가 하나님께 속했음을 보여준 사건입니다.

여리고 성이 무너진 것도 "아무 말도 내지 말라"고 당부하신 하나님의 작품이었습니다. 여호사밧 왕 때 세일 산 사람들이 암몬과 모압을 꼬드겨 연합군을 형성해 공격해 왔을 때도 "The battle belongs to the Lord"(전쟁은 하나님께 속한 것이다)라는 유명한 말씀을 하십니다.

이 모든 사건들이 "너희는 가만히 있어 내가 하나님 됨을 알지어다"의 약속을 이루신 하나님의 역사입니다. 실제 우리의 삶을 영상으로 찍은 비디오를 rewind(리와인드)해서 돌려보면, 이렇듯 하나님이 개입하신 순간들을 볼 수 있습니다.

도저히 내 힘으로 풀 수 없고 해결할 수 없는 일들을 만날 때 기억해야 할 말씀이 바로 이 말씀입니다. 어설프게 내가 해보려고 안간힘을 쓰거나 안 되는 것을 억지로 해서 오히려 문제를 더 엉키게 하지 말고 "가만히 있어!"를 기억하는 것입니다.

오, 주여
오늘도 하나님의 약속의 말씀을
기억하고 붙듭니다.
그리고 가만히 하나님의 개입하심을
기대합니다.

삶의 어려운 고비에도
두려워하거나 겁내지 않고
삶의 순간들이 더 exciting(흥미진진)해지는
카이로스의 시간에 하나님의 역사를 기대합니다.

"가만히 있어!"

진정한 소망

 "주여 이제 내가 무엇을 바라리요 나의 소망은 주께 있나이다"

인도에서 미국으로 출발하기 바로 몇 시간 전에 마지막으로 방문해 기도하며 복음을 전했던 곳은 뭄바이의 신흥 슬럼가였습니다. 인도에는 카스트 제도가 뼛속 깊이 자리 잡아 신분과 빈부의 차별에 묶인 채 소망 없는 인생을 살아가는 사람들이 참으로 많았습니다.

쓰레기더미와 함께 살아가는 사람들의 집은 사람들이 사는 곳이라고는 도저히 말을 할 수 없는 '닭장 촌'이었습니다. 같은 인도인들끼리도 들어가기를 꺼리고 습격을 두려워하는 외인출입 금지구역에서 그들은 자신들만의 세상을 살고 있었습니다.

자신들이 가난한 사람들이라는 것을 진정 느끼지 못한 채 살아가는 가난한 그들입니다. 마치 부유한 사람들이 부유한 것이 무엇인지 모르고 그냥 편안함 속에 갇혀 사는 것과 마찬가지로 그들은 가난에 찌든 채 묶여 살고 있었습니다.

병원이라고 이름 붙어 있는 곳에 누워 있는 환자들을 방문했습니다. 도저히 병원이라고 할 수 없는 곳에 누워서 하루에 한두 번 투약을 받을 뿐 마치 죽음을 기다리는 집단 대기소와 같은 곳이었습니다.

베데스다 연못가에 천사가 내려와 연못의 물을 움직이게 할 때 먼저 내려가 낫고자 속절없이 누워 있는 수많은 병인들, 다리 저는 사람, 혈기 마른 사람들의 모습을 바라보며 예수께서 느끼셨던 마음이 다가오며 눈물이 절로 났습니다.

소망 없이 사는 인생이 어떤 인생인지를 절로 느끼게 하였습니다. "주여 이제 내가 무엇을 바라리요 나의 소망은 주께 있나이다"라고 고백하는 시편 기자의 말씀이 어떻게 나올 수 있는가를 절로 깨닫게 되었습니다.

인생에 거는 우리의 모든 소망이 깨어지고 무너질 때 다가오는 하나님의 소망을 우리는 비로소 깨닫게 됩니다. 왜 테레사 수녀가 미국에 와서 마음의 무거운 짐과 병을 자신에게 토로하는 많은 자매들에게 인도 캘커타로 오라고 했는지 그 이유를 알 수 있게 하는 장면이었습니다.

그들에게 손을 얹고 기도하였습니다. "하나님, 저들이 하나님의 소망을 깨닫게 해주옵소서." 그냥 주체할 수 없게 눈물이 흐릅니다. 아무것도 할 수 없는 우리의 한계를 알면서 흐르는 안타까운 마음이 눈물로 녹아내립니다.

여기저기서 자신들을 위해서도 기도해달라고 사람들이 다가옵니다. 병원을 지키는 사람들이 뭐라 소리를 지르며 호루라기를 붑니다. 우리를 제지하며 나갈 것을 종용합니다.

그들을 뒤로 하며 떠밀린듯 나오는 우리의 발걸음이 마냥 무겁기만 합니다. 절로 우리의 입에서 신앙의 고백이 터져 나옵니다. 인도에 남겨진 가난한 자, 억눌린 자, 묶인 자를 떠올리며 올리는 이 아침의 기도이기도 합니다.

주여, 이제 우리가 무엇을 바라리이까?
우리의 소망은 주께 있나이다!

지혜로운 사람

 "생명의 경계를 듣는 귀는 지혜로운 자 가운데에 있느니라"

어렸을 때 들었던 중국 송나라 사마광의 이야기를 기억합니다. 사마광이 아이들과 놀고 있을 때 한 아이가 큰 물독에 빠져 물에 잠겨 버렸습니다. 아이들이 놀라서 물독을 들여다보고 빠진 아이를 꺼내려 하였지만 물독이 너무 커서 구할 수가 없었습니다.

그때 사마광이 돌을 던져 물독을 깨뜨립니다. 그 덕에 빠진 아이가 무사할 수 있었다는 이야기입니다. 어린 사마광은 목숨이 물독보다 중하다는 것을 알고 물독을 깨뜨리는 결단을 내린 것입니다.

지혜가 위기의 순간에 올바른 결단과 행동을 내릴 수 있는 슬기임을 가르쳐준 이야기입니다. 많은 지식을 가지고 있다고 해서 지혜롭다고 할 수는 없습니다. 지혜로운 사람이 많은 지식을 가지고 있다고도 할 수 없습니다.

지식이 많은 것이 나쁜 것은 아니지만 성경은 많은 지식보다는 지혜를 말씀하고 있습니다. 지식은 가르치고 배워 많이 쌓을 수 있지만 지혜는 그것을 바탕으로 해서 깨우치는 현명한 통찰력입니다. 지식에 의해서 얻을 수 있는 것에서 발전하여 사리를 분별하며 적절히 처리하는 능력을 가리킵니다.

성경은 우리에게 지혜로운 사람이 되기를 권합니다. 솔로몬이 하나님께 구한 것처럼 우리도 그 어떤 것보다 지혜를 구해야 할 것을 말씀합니다. 지혜가 부족하면 "후히 주시고 꾸짖지 않으시는" 하나님께 구할 것을 말씀합니다.

하나님을 아는 것이 모든 지혜의 근본임을 말씀하면서 '생명의 경계를 듣는 귀'가 될 것을 말씀하고 있습니다. 왜 지식보다 지혜를 말씀할까요? 지식은 머리만 크게 할 수 있지만 지혜는 행함으로 옮기게 하는 파워이기 때문입니다.

지혜 중의 지혜는 하나님을 알고(경험하고) 그분의 생명의 경계에 귀를 기울이면서 하나님의 때를 아는 것입니다. 그래서 하나님은 우리에게 믿고 기다릴 것을 말씀합니다.

어떤 결단이 필요한 시기에 겸허히 자신에게 물어야 합니다. 무엇이 우리에게 가장 중요한 것인가를 말입니다. 그것을 알아내는 것이 지혜입니다.

유대인의 전승 가운데 '다윗 왕의 반지'에 얽힌 전설이 있습니다. 어느 날 다윗 왕이 보석 세공인을 불러 명령을 내렸습니다.

"나를 위한 반지를 새겨오라. 반지에는 승리를 거두어 환호할 때에도 들떠 오만하지 않으며, 패배를 겪었을 때는 절망하지 않고 용기를 줄 수 있는 글귀가 담겨야 한다."

보석 세공인은 답을 찾을 수 없어 지혜로운 왕자 솔로몬에게 도움을 청했습니다. 그러자 솔로몬이 말합니다.

"이 글귀를 반지에 새겨 넣으시오. 왕께서 이 글을 보시면 승리에 도취한 순간에는 자만심을 가라앉히며, 패배의 절망적 순간에는 용기를 얻게 될 것입니다."

무슨 글이었을까요? 바로 "이 또한 지나가리라"였습니다. 우리는 모두 한 세대를 살아가는 순례자들입니다. 모든 것은 지나갑니다. 고통도 미움도 아픔도 슬픔도 지나갑니다. 우리는 때를 보내며 또 다른 때를 맞이할 뿐 우리의 그 어떤 것도 영원하지 않습니다.

오직 하나님의 말씀만이 영원합니다.
지혜는 그 말씀에 순종하며 따르는 것입니다.

기도의 내공

 "이로써 우리도 듣던 날부터 너희를 위하여 기도하기를 그치지 아니하고"

대부분의 모든 식품이 그렇듯이 라면은 공장에서 갓 생산되어 나온 제품일수록 신선하고 제맛이 나서 좋습니다. 유통기간이 얼마 남지 않으면 누른 맛이 나고 맛이 떨어집니다. 라면을 즐기시는 분들은 그 차이를 아십니다.

이와 마찬가지로 차들도 갓 나온 차들이 향과 함께 차 맛이 좋습니다. 그런데 유독 보이차는 다른 차들과 반대입니다. 오래될수록 비싸고 맛도 좋습니다. 그 이유는 보이차는 '후발효차'이기 때문이라고 합니다.

차에 대해 많이 알지 못하지만 궁금하여 조사를 해보니 보이차는 차가 만들어진 직후부터 발효가 시작된다고 합니다. 그래서 오래 발효될수록 향이 깊어지고 보이차의 맛이 더 깊어진다고 합니다.

갓 나온 보이차는 지푸라기 썩는 냄새 같은 것이 날 수 있고, 맛도 강합니다. 그러나 오래 묵고 발효가 되면 잡냄새가 다 가시고 보이차 본연의 깊은 향이 나기 시작한다고 합니다. 맛도 부드럽고 뒷맛에 단 맛이 나기 시작합니다.

우리의 신앙 인격이 이와 같습니다. 오래 신앙생활하면서 닦이고 연단되면 품격이 살아나게 됩니다. 점점 예수를 닮아가게 됩니다. 은연중 예수의 향기가 서서히 배기 시작합니다. 그리고 예수의 모습이 조금씩 나타나기 시작합니다.

성경 말씀에 "먼저 된 자가 나중 되고 나중 된 자가 먼저 된다"는 말씀을 잘못 받아들여, 오래 믿은 사람을 '묵은 닭' 취급하고 자조적인 말로 '퇴물'처럼 여기는 경우를 볼 때가 있습니다. 이것은 잘못된 인용입니다. 신앙생활이 오래될수록 깊이가 있고 연륜이 쌓여 내공이 쌓이게 되는 것은 자연스러운 일입니다.

그런데 문제는 오랜 연륜에서 오는 성숙이 없고 익숙해질 때입니다. 모든 신앙의 겉모습에 익숙해지고 내면의 성숙이 없을 때 '묵은 닭'이 될 수 있습니다. 성숙은 절대로 그냥 되지 않습니다. 반드시 성령의 도우심이 필요합니다. 기도의 과정을 거쳐야 합니다.

계속적으로 그치지 않는 기도가 있어야 합니다. 보이차처럼 '후발효성'이기 때문입니다. 사도 바울은 골로새 교회에 대한 이야기를 듣던 날부터 그들을 위해 기도를 쌓기 시작합니다. 요즘 표현으로 '기도의 내공'을 쌓은 것입니다.

영적인 만남은 기도 가운데 보이지 않는 '영적인 공간'에서 지속적으로 만나며 이루어집니다. 비록 골로새 교회를 한 번도 방문한 적이 없었던 바울이었지만 기도 가운데 교제하였기에 누구보다도 그 교회의 사정을 영적으로 잘 알고 편지합니다.

그들을 위해 "기도하기를 그치지 않는다"는 말씀과 함께 그 마음을 전합니다. 기도의 무릎이 연약한 성도들은 더욱더 기도의 시간을 확보하고 기도의 내공을 다져야 합니다. 그리스도의 향기가 짙게 배어 나오도록 우리가 통로가 되어 드리는 것이 성숙으로 가는 길입니다.

익숙이 아니라 성숙입니다!

오, 주여
주의 뜻을 알게 하소서.
우리를 선한 능력으로 채우소서.
복에 복을 더하사 지경을 넓히소서.
오늘도 예수의 이름으로 승리케 하소서.
이 아침의 기도입니다!

주님과의 식사

눅 24:30 "그들과 함께 음식 잡수실 때에 떡을 가지사 축사하시고 떼어 그들에게 주시니"

예수님의 제자훈련은 모든 가르침이 충격이 아닐 수가 없었습니다. "그의 가르치는 것이 바리새인과 서기관"들과 너무 달라 그 시대의 모든 사람들에게 충격이 아닐 수 없었습니다.

몇 가지 사건들은 충격을 지나 파격으로 느껴질 정도로 제자들의 심령에 박히는 것들이 있었습니다. 사랑과 섬김을 말씀하시면서 제자들의 발을 씻기신 것과 제자훈련을 제자들과 떡을 떼시는 성찬으로 마치신 것입니다.

그렇게 파격적인 가르침이었기에 너무나도 선명하게 제자들의 가슴에 남았던 것입니다. 그리고 한 말씀을 덧붙이십니다. "너희도 이와 같이 하라." "나를 기억하라." 예수님이 파격을 보이시며 가르치신 중점은 '기억하라'는 것이었습니다.

그러면서 또 당부하십니다. 또 다른 보혜사이신 성령께서 오시면 "내가 너희에게 이른 모든 것을 생각나게 할 것이다"라며 '기억'

의 중요성을 다시 한번 일깨우신 것입니다.

그러면서 제자들과 떡을 떼시고 잔을 나누시면서 그 의미를 일일이 일러주십니다. 자신의 피와 살을 제자들에게 나누시는 상징적인 예식을 거행하신 것입니다.

신앙생활을 하다 보면 영적으로 탈진 상태에 빠질 때가 있습니다. 이때에는 너무 피곤하고 무릎이 연약해서 믿음의 경주에서 그만 중단하고 싶을 때가 있습니다.

아무것도 하고 싶지 않아 기도도 하기 싫고 성경도 읽기 싫고 심지어 교회 다니는 사람조차 만나고 싶지 않을 때가 있습니다. 그냥 어디에 묻혀 숨고 싶을 때가 있습니다.

이러한 영적 탈진은 신앙이 어린 사람에게만 오는 것이 아닙니다. 신앙의 거장들도 영적 탈진에 빠질 수가 있습니다. 엘리야도 이세벨이 두려워 광야로 도망쳐서 로뎀 나무에 앉아 하나님께 죽여 달라고 간구했습니다.

이때 하나님께서 다시 세우시는 방법이 '먹이시는' 방법입니다. 엘리야를 먹게 하신 하나님이십니다. 주님과의 식사는 회복의 시작입니다. 그리고 처음처럼 돌이키는 것입니다.

영적 탈진은 신앙의 위기입니다. 영적 탈진의 상태에서 포기하거나 중단하지 않고 일어나 세우시는 방법으로 "나를 기억하라" 그리고 처음처럼 돌이키라고 하십니다.

아버지에게 미리 받은 모든 유산을 먼 타국에서 다 탕진하고, 설상가상으로 기근이 닥쳐오자 돼지들이 먹는 쥐엄열매로 배를 채우고 있던 둘째 아들이었습니다. 바닥을 친 것입니다.

그가 돌이켜 아버지 집으로 돌아가기로 작정했던 것도 "아버지 집에는 양식이 풍족한 품꾼들"이 많았던 것을 기억해서입니다. 아들로서가 아니라 하인으로라도 기꺼이 돌아가고 싶었던 것은 아버지의 관대한 사랑을 기억했기 때문입니다.

이때 탕자에게 있어서 쥐엄열매는 '주님과의 식사'였습니다. 쥐엄열매로 '거룩한 성찬'을 하며 돌이킨 것입니다. 기억한 것입니다. 아버지의 관대하신 그 사랑을 기억하고 돌이킨 것입니다.

오, 주여
우리 가운데 마음이
먼 타국에 있는 분이 있습니까?
주님과의 식사로 돌이키게 하소서.
주의 사랑을 기억하게 하소서.
우리 모두의 기도입니다!

매일 얻는 보물

잠 3:14 "이는 지혜를 얻는 것이 은을 얻는 것보다 낫고 그 이익이 정금보다 나음이니라"

미국의 가장 위대한 대통령이 누구라고 생각하느냐는 질문은 대통령 선거 때 입후보자들에게 사회자가 제일 먼저 묻는 질문입니다. 아마 입후보자 자신의 추구하는 성향을 드러낼 수 있기에 묻는 질문인지 모릅니다. 지난번 선거 때 힐러리 클린턴은 에이브러햄 링컨 대통령을 꼽았고, 트럼프는 로널드 레이건 대통령을 들었던 것으로 기억합니다.

매우 의도적으로 자신들과 같은 정당 출신 대통령을 자신의 롤 모델로 든 것입니다. 그러나 미국인들의 마음에 가장 위대한 대통령 중의 한 분은 분명 에이브러햄 링컨 대통령입니다.

링컨 대통령에 얽힌 일화들은 너무 많아 이미 여러 권의 책으로도 소개된 바 있습니다. 지난주에 어느 권사님이 스크랩한 신문 기사를 주셨는데, 에이브러햄 링컨의 'Daily Treasure'(매일 보물)이라는 기사였습니다.

링컨이 철도국 변호사 시절, 장래가 불투명한 젊은이로 기차를 타고 다니며 순회 변호사 일을 하고 있었습니다. 그런데 기차를 타고 다니면서 항상 품에 지니고 다녔던 것이 조그만 책이 있었습니다.

우리가 매일 탐독하며 묵상하는 《오늘의 양식》과 같은 묵상집으로 일 년 366일치(윤년) 묵상이 담겨 있는 포켓사이즈로 《The Believer's Daily Treasure》라는 소책자였습니다. 첫 장에 서명을 남기고, 늘 귀중한 소지품으로 지니고 다녔다고 합니다.

마치 하나님 앞에 자신의 이름을 서명하듯 한 'A. Lincoln'이란 사인입니다. 그는 글을 쓰는 데에도 마치 설교문을 작성하듯 하나님을 의지하였습니다. 그가 썼던 변호인 최종변론이나 편지, 심지어는 대통령이 된 후의 연설문에도 빠짐없이 하나님의 말씀이 인용되어 있습니다.

매일 얻는 보물을 늘 암송하며 생활화 하였기에 말씀이 늘 그의 말과 글에서 읊어져 나왔던 것입니다. 특히 시편과 잠언은 그의 단골 인용 메뉴였습니다.

"지혜를 얻는 것이 은을 얻는 것보다 낫고 그 이익이 정금보다 나음"을 철저히 깨달았던 그의 삶이었습니다.

지혜는 모든 풍요함을 끌어당기는 자석과 같은 파워를 가지고 있습니다. 잠언을 보면 지혜의 가치를 이렇게 설명합니다.

"지혜는 진주보다 귀하니 너의 사모하는 모든 것으로 이에 비교할 수 없도다 그 우편 손에는 장수가 있고 그 좌편 손에는 부귀가 있나니."

링컨은 지혜를 얻는 방법을 알았던 사람입니다. 지혜를 얻는 최상의 방법은 먼저 영적 지식을 얻는 것입니다. 지혜는 지식을 분별하는 능력이며 지식을 활용하는 능력입니다. 그렇기에 먼저 지식을 얻는 것이 필요합니다. 지식은 과거로부터 배우는 것입니다. 가장 귀한 지식은 '하나님의 과거'인 하나님의 말씀입니다. 그 말씀을 묵상하며 매일 보물을 얻는 것입니다.

이렇게 얻어진 지식이 쌓일 때 어느 순간부터 지식의 활용이 일어나기 시작하고 이것이 하나님이 주시는 지혜입니다. 지혜는 과거의 지식을 활용하여 현재 직면한 문제를 해결하는 능력으로 나타납니다. 미래의 비전도 지혜로부터 말미암기에 매일매일 하나님의 말씀을 통한 영적 지식을 보물을 캐듯 구한 것입니다.

링컨이 대통령이 된 후 기자들이 질문을 했습니다. "Mr President, what is the secret of your success?"(성공의 비결이 뭡니까?)라고 하자 링컨이 부끄러운듯이 대답했습니다.

"저는 다른 사람들보다 실패를 더 많이 경험했습니다. 그래서 하나님의 음성을 들으며 사는 훈련을 했고, 지금까지 그렇게 살아 왔습니다."

매일 얻는 보물!
우리 모두 함께 그 보화를 캡시다.
그리고 지혜를 기도 가운데 구합시다.
후히 주시고 꾸짖지 않으시는 주님께….
인생의 보화가 여기에 있습니다.

열세 번째 제자

> **행 1:26** "제비 뽑아 맛디아를 얻으니 그가 열한 사도의 수에 들어가니라"

영어에 칭송 받지 못한 영웅을 뜻하는 'unsung hero'라는 표현이 있습니다. 대중의 큰 관심을 받지 못했고 특별히 각광 받지 못했지만, 그 사람이 없었다면 도저히 그 어떤 일이 일어날 수 없었던 무명의 영웅을 부르는 호칭입니다.

야구나 축구 등 팀 스포츠에서 주로 많이 사용하는 표현으로, 슈퍼스타의 그늘에 가려 있지만 그 선수의 플레이가 없었다면 승리는 있을 수 없었다고 할 만한 선수들을 'unsung hero'(이름 없는 영웅)라고 부릅니다.

성경에는 이러한 'unsung hero'들이 많이 있습니다. 아브라함의 충직한 하인이면서 한때는 아브라함이 자신의 상속자로까지 여겼던 엘리에셀을 들 수 있습니다. 그는 끝까지 성실하게 아브라함의 곁을 지킵니다.

그의 마지막 임무인 아브라함의 며느릿감을 먼 메소포타미아

나홀의 집에까지 가서 물색하고 구해오는 일을 완수합니다. 아브라함이 그 일을 맡길 만큼 신뢰하였던 엘리에셀은 사람을 알아보는 안목과 영감이 깊었던 unsung hero였습니다.

신약에서 첫 번째로 꼽을 수 있는 unsung hero는 가룟 유다를 대신할 열두 번째 제자로 제비뽑기에 의해 선출된 맛디아였습니다. 맛디아는 그 이름의 뜻대로 바로 '하나님의 선물'이었습니다.

당시 제자들이 유다를 대신할 후보자로 내세운 조건은 간단했습니다. 예수님의 부활을 목격한 '증인'이어야 한다는 것이었습니다. 그렇기에 맛디아는 주님 곁을 늘 지키며 섬기고 따랐던 잘 나타나지 않은 제자 중 한 사람이었을 것입니다.

맛디아는 11명의 제자들과 잘 아는 사이였습니다. 예전부터 항상 그들 곁에 있으며 보이지 않는 섬김으로 주님과 제자들을 섬겼기 때문입니다. 가까이 있는 그였지만 제자들 중 그 누구도 맛디아가 열두 제자의 반열에 오를 것이라고는 생각을 못했습니다.

그는 항상 곁에 있으면서도 나서지 않고 섬겼던 인물이었기 때문입니다. 숨은 섬김의 신비는 바로 이런 것입니다. 맛디아는 섬김의 리더십(servant leadership)의 모델이며 진정한 unsung hero였습니다.

예수님은 맛디아를 지켜보셨을 것입니다. 사랑스러운 눈빛으로 바라보시며 그의 섬김을 기쁘게 받으셨을 것입니다. 그의 이름에 담긴 뜻인 '하나님의 선물'은 이런 것이었습니다.

그 후 맛디아는 예수님이 직접 골라서 선발하지 않은 제자였기에 혹시라도 자격논란이 있었을지도 모릅니다. 바울의 사도성을 공격하였던 그들이기에 맛디아에게도 그런 논란이 있었을지 모릅니다. 그렇기에 맛디아는 오히려 더 성실히, 그리고 묵묵히 주를 섬기며 '목숨을 다해' 복음을 증거했을 것입니다.

　우리도 오직 예수만을 바라보며 맛디아처럼 항상 곁에서 섬기며 특별히 나서지 않는 삶을 살 수 있을까요? 사람에게 칭찬 받기보다 하나님께 칭찬 받기 원하는 우리 모두가 되기를 원합니다. 그런 사람이 하나님의 나라에서 unsung hero입니다.

　오, 주여
　우리도 맛디아처럼 늘 주님 곁에서
　섬기기 원합니다.
　맛디아의 영을 우리에게 주소서!

세미한 소리

왕상 19:12 "불 후에 세미한 소리가 있는지라"

시베리아에 사는 사람들은 딱히 다른 것을 할 만한 취미공간이 별로 없어 그런지 몰라도 그들에게 최고의 취미생활은 '굴리아치'(산보)라 할 수 있습니다.

이른 저녁 식사 전이나 식사 후에 30분에서 1시간가량 걷는 것을 상당히 즐깁니다. 일 년 중 사계절을 보면 6-7개월 가까이 추운 겨울이 지속되고, 여름은 2-3개월에 지나지 않고, 아주 짧은 봄가을을 거쳐 바로 다시 겨울로 진입하는 것을 알 수 있습니다.

그렇기에 웬만한 날씨일 때 많은 사람들이 밖에 나와 태양을 즐기며 굴리아치를 하는 것이 시베리아인들의 삶의 방식입니다. 대중교통 수단이 발달되어 있지 못해서 그 추운 겨울에도 웬만하면 걸어 다니는 것이 일상화되어 있습니다.

을씨년스러운 날씨와 함께 우울과 외로움이 삶에 짙게 배어 있어 그들의 음악은 무거운 것들이 많고 자연스럽게 비극을 더 좋아(?)하는 민족입니다.

한국의 오래전 드라마, 모래시계의 배경음악으로 등장했던 러시아 노래를 기억하면 그 느낌을 쉽게 알 수가 있습니다. 낮은 바리톤의 중저음으로 부르는 음울하지만 신비스럽게 가슴을 파고드는 듯한 음악입니다. 그런데 그런 조용한 외로움 가운데 작고 세미한 소리를 듣는 경험을 합니다.

10년 이상을 러시아에 일 년에 두 차례씩 방문하며 신학교를 세우고 많은 교회를 개척하는 과정에서 배운 것 중에 하나가 바로 이 세미한 소리를 굴리아치를 하면서 듣는 것이었습니다.

이상하리만치 우리 주님의 세미한 음성은 뜨거운 불이나 휘몰아치는 춥고 매서운 바람에도 있지 않았습니다. 조용한 가운데 주님과의 '독대'(독자적인 대면)에 있었습니다.

성경에도 많은 인물들에게 임했던 주님의 계시가 외로운 '독대의 상황' 가운데 이루어졌던 것을 볼 수 있습니다. 외롭고 투박한 밧모 섬의 외지고 험한 환경에서 요한은 이루 말할 수 없는 환상과 계시를 경험합니다.

엘리야의 상황도 결코 만만치 않았습니다. 이세벨이 자신을 죽이려는 계획을 알고 도망치던 차에 로뎀나무 아래 앉아 죽기를 바랄 정도로 곤고한 때에 먹이시는 하나님을 만납니다.

그리고 산에 섰을 때 하나님의 세미한 소리를 듣습니다. 그 소리는 강한 바람에도, 지진 가운데에도, 또는 불 가운데에도 있지 않았습니다. 그 모든 것이 지나간 후 세미한 소리가 있었습니다.

외로우십니까? 두려우십니까? 어려우십니까? 힘이 드십니까? 잠잠히 있어 세미한 주님의 소리를 독대 가운데 들으라고 주님이 부르시고 계신지 모릅니다. "이때를 위함이 아닌지 누가 알겠느냐"고 말씀하십니다.

이제라도 동네를 한 바퀴 도는 습관을 들이십시오. 동네에 작은 공원이 있으면 안성맞춤입니다. 아파트 단지 뒷동산에 천천히 올라보십시오. 구태여 먼 곳으로 산행을 가지 않으셔도 됩니다.

그리고 작고 세밀한 그분의 음성에
귀 기울이십시오.
주님의 세미한 소리를 들을 때입니다.
가까이 주님께 나아갈 때입니다.
그분이 부르시는 소리가 들립니까?

인생의 지우개

> 사 44:22 "내가 네 허물을 빽빽한 구름같이, 네 죄를 안개같이 없이하였으니"

그림을 그리다 보면 실수할 때도 있고, 그린 그림이 마음에 들지 않을 때도 있습니다. 어떤 화가도 자신의 그림에 만족하지 못하는 것처럼 우리의 인생 역시 만족하기 어렵습니다. 그래서 인생을 '완생'이 아닌 '미생'이라 하는지 모릅니다.

우리에게 삶을 지울 수 있는 지우개가 있다면 어떤 부분을 지우고 싶으십니까? 그 지우고 싶은 것이 지워지지 않는다면, 덧칠을 해서라도 변화시키고 싶은 것이 있다면 무엇에 손을 대겠습니까?

한국의 연예인들 중에 '인생의 지우개'를 잘 이해했던 분이 여러분 계시지만 그중에 한 분이 윤항기 목사님과 그 동생 윤복희 권사님의 '여러분'이라는 노래를 리메이크한 가수 임재범입니다.

6년간 심한 우울증과 아내의 병구완, 그리고 생활고로 어려움을 겪던 그가 어느 날 투병 중이던 아내가 놓아둔 성경을 집어 들고 읽으면서 우울증을 극복하게 됩니다. 인생의 나락에서 하나님의 말씀을 붙들며 희망을 보게 되었다고 고백합니다. 병석에 있던 부인이 오히려 남편의 회복을 위해 성경 일독을 권한 것입니다. 임재범 씨는 온종일 성경을 읽으며 하나님의 말씀에 푹 빠져 평안을 경험하게 됩니다.

하나님의 지우개를 경험한 것입니다. 연예인으로서 굴곡진 삶을 살았던 그가 모든 허물과 죄를 주 앞에 내어놓았을 때 '하나님의 지우개'로 지움을 받는 체험을 한 것입니다.

그 이후 어떻게 하면 대중들에게 가스펠로 다가갈 수 있을지 고민하게 됩니다. 그래서 가스펠 그룹 '헤리티지'와 함께 35년 전 이미 소개되었던 '여러분'이란 노래를 리케이크하게 됩니다.

아내의 암투병과 경제적 궁핍 속에서도 전적으로 하나님을 의지하면서, 자신이 경험한 하나님의 위로를 대중에게 전하고자 하는 일념으로 음악 작업을 한 것입니다. 그는 이 시대를 힘들게 살아가는 모든 사람들에게 '외로워하지 마라. 내가 너의 친구다'라는 하나님의 메시지를 전하고 싶었다고 고백합니다.

우리의 실수와 죄를 용서해 주시고 지워주시는 인생의 지우개가 계십니다. 바로 우리 주님 예수 그리스도이십니다. 우리가 지우개 없는 삶을 산다면 우리의 인생은 온통 얼룩투성이로 후회에 찬 인생이 되고 말 것입니다. 우리가 우리의 죄와 허물을 그분께 내어놓을 때 그분은 용서하시고 지워주십니다. 기억조차 아니하시는 인생의 지우개, 예수님께서 함께하시기에 오늘도 감사할 수 있습니다.

"허물의 사함을 받고 자신의 죄가 가려진 자는 복이 있도다"(시 32:1).

하나님의 안전장치

 "사람이 마음으로 자기의 길을 계획할지라도 그의 걸음을 인도하시는 이는 여호와시니라"

  사연이 없는 인생은 없습니다. 박경리의 소설 《토지》의 주인공 서희만큼은 아닐지라도 나름대로 이야깃거리가 없는 사람은 한 사람도 없습니다.
  도은미 사모의 《사연이 움직이는 가정》이란 책은 이러한 사연을 일종의 트라우마같이 부성석인 의미에서 풀면서 '가정해부학'이라고 자신의 책을 소개하고 있습니다.
  어릴 때, 혹은 살아오면서 생긴 트라우마를 잘 풀어내면 인격이 성숙하고 가정이 살아나겠지만, 그 사연에 묶여 살면 가정이 불행해지고 자신의 성격 형성에도 영향을 미친다고 설명하고 있습니다. 그리고 이 사연은 가정을 통해 세대를 건너서 영향을 미치고, 부모의 사연은 자녀에게 재생산되고 고착화되는 과정도 거쳐 반동형성(방어기재)을 일으키기도 한다고 지적합니다.
  혼자 아주 어렵게 살아가는 어느 80대 중반 할아버지의 사연이

TV에 소개되었습니다. 원래 은퇴할 때는 잘나가고 돈도 있었는데, 어떤 일에 손을 대었다가 돈을 많이 잃었다고 합니다.

그래도 조금 남은 돈을 가지고 사는데, 딸이 앞으로 아버지를 잘 모실 테니 집을 사려 하는 데 돈을 보태 달라고 하였답니다. 딸에게 돈을 주고 딸 집에 들어가 살기 시작했는데, 처음에는 괜찮았지만 조금 지나자 몸에서 냄새가 난다, 애들이 뭐라고 한다, 이게 뭐냐는 등 구박을 견디지 못해서 아무것도 없이 나와 좁은 방에서 따로 살게 되었다고 합니다.

딸에게 소송을 하여 돈을 돌려받도록 판결은 받았지만, 판결대로 돈을 돌려주지 않았습니다. 그 인생의 마지막에 자식도, 돈도, 명예도 지키지 못하고 다 잃고 말았던 안타까운 사연이었습니다.

사연은 우리 마음의 생각과 계획에 영향을 주기에 알고 보면 계획 자체가 잘못되는 경우도 있습니다. 예레미야는 이것을 "만물보다 거짓되고 심히 부패한 것은 마음"(렘 17:9)이라고 설명합니다.

이러한 마음의 계획으로 우리는 할아버지의 사연처럼 많은 것을 잃을 수 있습니다. 오래전부터 처리되지 않은 사연(트라우마)들에 영향을 받기 때문입니다.

이러한 우리에게 하나님은 '안전장치'를 예비하십니다. 우리의 마음의 계획과 다를지라도 늘 우리의 걸음을 인도하시는 하나님의 안전장치입니다. 그런데 하나님의 안전장치는 그분의 은혜 안에서만 체험될 수 있습니다.

하나님의 은혜를 사모하지 않는 사람은 그분의 안전장치를 잃어버리는 것입니다. 여러분의 삶에서 정말로 아쉽고 놓쳐서는 안 되는 것이 있다면 무엇일까요?

우리의 믿음만은 절대 놓쳐서는 안 되고 반드시 지켜야 합니다. 오직 믿음만이 은혜 안에서 하나님의 인도, 그분의 안전장치를 누릴 수 있게 하기 때문입니다.

날마다 주님과 동행하며, 날마다 예수님의 인도하심을 확신하며, 날마다 주를 바라보고 사는 그 삶이 믿음을 지키고 은혜 안에 살게 합니다. 그리고 이렇게 노래하게 합니다.

내 인생 여정 끝내어 강 건너 언덕 이를 때
하늘 문 향해 말하리 예수 인도하셨네
매일 발걸음마다 예수 인도하셨네
나의 무거운 죄 짐을 모두 벗고 하는 말
예수 인도하셨네

하나님의 인도, 우리를 향한 그분의 안전장치입니다.

동정과 체휼

 히 2:18 "그가 시험을 받아 고난을 당하셨은즉 시험받는 자들을 능히 도우실 수 있느니라"

사랑하는 아이를 교통사고로 잃은 한 어머니가 있었습니다. 그 어머니에게 많은 사람들이 찾아와 위로의 말을 건넸지만 어머니는 그저 울음을 터뜨릴 뿐 정작 위로가 되지 못했습니다. 그러던 중 한 여인이 그 어머니를 찾아갔습니다.

여인은 아무 말도 하지 않았습니다. 아무 행동도 하지 않았습니다. 그저 어머니와 함께 울었습니다. 그랬더니 아이를 잃은 어머니가 크게 위로를 받았습니다. 사람들이 이해할 수가 없어 그 이유에 대해서 알아보니 어머니와 함께 울었던 그 여인도 얼마 전 아이를 잃었던 것입니다.

히브리서를 읽다 보면 '체휼'(개역한글)이라는 쉽지 않은 단어를 만나게 됩니다. 체휼은 자신이 직접 겪어 보았기 때문에 상대방을 깊이 이해하여 가지는 동정심과 불쌍히 여기는 사랑의 마음을 뜻합니다. 머리로만 알고 있는 지식이나 이론이 아니라, 나 자신이 직접 그 고통과 갈등과 좌절을 겪어 보았기 때문에, 내 가슴으로 상대를 이해하고 그와 같은 심정이 되는 것을 체휼이라고 표현합니다.

여기에 동정(sympathy)과 체휼(empathy)의 차이가 있습니다. 우리는 어쩌면 우리가 안고 있는 문제들의 해결책을 이미 알고 있는지 모릅니다. 우리가 구하는 것이 답이 아닐 수 있습니다.

겉으로는 "어쩌면 좋아요?" 하고 울고 있지만, 마음속으로 진정 원하는 바는 "네 마음을 안다. 내 가슴으로 너를 이해해"라는 음성인지 모릅니다. 체휼의 마음에서 우러나오는 같은 마음으로 눈물을 글썽이며 우리의 어깨나 손을 따뜻이 어루만져 주는 것, 그저 우리의 아픔의 소리를 들어주기만 하는 것을 원하고 있는지 모릅니다.

그래서 "I've been there"(나도 같은 아픔을 경험하였다) 하고 같이 울어주는 사람에게서 가장 큰 위로를 받는 것입니다. 예수님께서 우리의 진정한 위로자가 되는 것은, 우리가 경험할 수 있는 아픔을 주님도 경험하셨기 때문입니다. 그분은 우리를 동정하시는 분이 아니라 체휼하시는 분입니다.

예수님께서 겟세마네 동산에서 흘리셨던 피와 땀, 십자가 위에서 외치셨던 외침은 우리의 고통을 간접적으로 경험하신 '하나님의 외침'이 아니라 직접적으로 경험하신 '인간의 외침'이었던 것입니다. 여기에 성육신의 신비가 있습니다.

사순절은 이러한 예수님의 체휼의 사랑을 그분의 수난기를 묵상하며 마음으로 느끼는 기간입니다. 이를 위해 성경은 또한 우리에게 '서로의 명령'을 주십니다.

"서로 받으라."

"서로 존중하라."

"서로 복종하라."

"서로 짐을 지라."

"서로 참으라."

"서로 격려하라."

"서로 세우라."

"서로 돌아보아 사랑과 선행을 격려하라."

"서로를 위해 기도하라."

주님의 '체휼의 마음'을 소유하고 느낄 수 있도록 '서로'를 우리에게 허락하신 것입니다. 오늘도 십자가의 길을 걷는 우리를 위해 '서로' 기도하며 하루를 시작합니다.

무(無)조건 만남

 "그가 또 임신하여 아들을 낳고 이르되 내가 이제는 여호와를 찬송하리로다 하고"

얼마 전 누군가 쓴 시에 '당신은 그냥 좋은 사람입니다'라는 시구가 제 눈길을 끌었습니다.

당신은 그냥 좋은 사람입니다.
그냥 좋은 사람이 가장 좋은 사람입니다.
돈이 많다고 해서 좋다거나
노래를 잘해서 좋다거나
집안이 좋아서 좋다거나
그런 이유가 붙지 않는
그냥 좋은 사람이 가장 좋은 사람입니다.

시를 읽다 보니 정말 그렇다 하고 고개를 끄덕일 수밖에 없는 마음이 들었습니다. 이유가 있어서 그 사람을 좋아한다면 그 이유가 사라지는 날에는 그 사람을 떠날 수도 있습니다.

그렇기에 좋아하는 이유가 따로 없는데도 좋아한다면, 그 사람이 정말 좋은 사람입니다. 우리 하나님은 그냥 좋으신 분입니다. 어떤 이유가 있어서 하나님을 좋아하는 것이 아닙니다. 하나님이 우리를 사랑하실 때도 그 어떤 이유가 있는 '조건 만남'이 아닙니다. 무조건적으로 우리를 사랑하시는 아버지이십니다.

때로는 우리 하나님 아버지께 감사하면서 여러 가지 감사의 이유들을 말씀드릴 때가 있습니다. 그러나 하나님은 그런 것들만으로 제한되게 감사할 그런 하나님이 아니십니다.

레아는 남편의 사랑이 동생 라헬에게 쏠려 있는 것을 결혼 전부터 알고 있었습니다. 그냥 참고 지내기에는 자신의 숨기고 싶은 연약한 내면이 고스란히 드러날 때가 많았습니다. 때로 남편에게 "나도 여자예요" 하고 항변하고 싶었습니다.

참을 수 없는 시기와 질투에 눈이 멀어 자신이 보기에도 어처구니없는 행동을 할 때도 있었습니다. 애를 낳지 못하던 라헬이 자신의 몸종을 통해 후손을 보려 하자, 동생을 향한 남편의 사랑을 견제하기 위해 자신의 몸종인 실바도 남편에게 첩으로 들이는 부질없는 짓을 벌입니다.

아들을 낳을 때마다 숨기고만 싶었던 자신의 열등감을 그 이름에 담아 속내를 드러냅니다. 그러다 넷째인 유다를 낳고서야 마음에 안정감을 회복하고 "내가 이제는 여호와를 찬송하리로다"는 마음의 작정을 유다라는 이름에 담습니다.

이제는 하나님께 조건이 따로 없더라도 여한 없이 찬송하고 감사하리라는 다짐입니다. 마음의 여유와 함께 찾아온 '그냥 좋으신 하나님'에 대한 찬양입니다. 오랜 질곡의 세월 가운데에도 하나님을 찬양한 유대 민족의 탄생이기도 합니다.

우리 주변에는 어려움 가운데 감사하면서 기쁨으로 사는 사람들이 있습니다. 여러 가지 어려움 속에서도 불평하지 않고 꿋꿋하게 감사하면서 사는 사람들입니다.

우리가 만난 하나님은 예수 그리스도를 주신 하나님이시고, 우리들은 그 이름을 힘입어 영원한 생명을 소유한 백성입니다. 하나님을 그냥 좋아하는 사람들입니다. 그런 우리가 진정 예수꾼입니다.

오, 주여
주님과 우리의 만남은
조건 만남이 아닙니다.
어떤 상황에도 주를 예배하고 찬양합니다.

무(無)조건 만남

마늘 냄새와 믿음 냄새

 "(모세는) 믿음으로 애굽을 떠나 왕의 노함을 무서워하지 아니하고"

얼마 전에 어느 권사님께서 마늘 농사를 지으셨는지 마늘을 큰 플라스틱 통으로 한가득 주셔서 집에 가져왔습니다. 일 년이 아니라 삼 년은 두고 먹지 않을까 싶은 분량이었습니다.

마늘을 찌개나 국거리에 넣고 양념으로 먹을 수 있도록 으깨다 보니 부엌에 온통 마늘을 벌여 놓아 마늘 냄새가 진동하기 시작했습니다. 손의 악력으로 으깨는 마늘 분쇄기(crusher)를 사용하니 더디게 수작업을 하지만 나름대로 으깨는 재미가 있습니다. 그런데 생각지 않게 손가락에 마늘 냄새가 배었습니다. 한 시간 마늘을 으깼을 뿐인데 손가락에 냄새가 배어서 아무리 비누로 씻어도 지워지질 않습니다.

예수님을 믿은 것은 수십 년이 되었는데도 몸에 예수 냄새가 배어 있기가 쉽지 않은데, 단 한 시간 만에 마늘 냄새는 씻어도 쉽게 지워지지 않으니 허탈한 웃음이 나옵니다. 마늘 냄새를 배게 하려고 애쓴 것도 아닌데 저절로 배인 것처럼, 그리스도인으로 살다가 우리도 모르게 예수 냄새로 인생이 가득 밴다면 얼마나 좋을까요?

세상에서 그리스도인의 특징은 어떻게 나타날까요? 사도 바울은 특이하게 '냄새'로 설명합니다. "우리는…하나님 앞에서 그리스도의 향기"(고후 2:15)라고 소개합니다. 예수 냄새가 나는 사람이 예수의 사람인 것입니다. 간단하면서도 분명합니다. 바울은 당시 전쟁에서 승리하고 돌아온 로마 군대가 주피터 신전에서 승전을 기념하며 향을 피우는 장면을 연상하며 말씀했는지 모릅니다.

> "항상 우리를 그리스도 안에서 이기게 하시고 우리로 말미암아 각처에서 그리스도를 아는 냄새를 나타내시는 하나님께 감사하노라"(고후 2:14).

'승리의 향'을 피우는 로마 장군들과 같이 죄와 사망을 주무기로 싸움을 걸어오는 악한 세력들을 물리치고 예수 그리스도의 승리를 나타내는 '거룩한 향기'가 바로 우리라고 소개합니다. 더럽고 추악한 냄새가 진동하는 세상 속에 아름답고 신령한 예수의 향기를 발하는 우리라고 단정하며 말씀합니다. 생각만 해도 기분이 좋습니다.

그리스도의 향기에는 조금씩 다른 믿음의 냄새가 있습니다. 마치 각 사람의 체취가 조금씩 다른 것과 같습니다. 히브리서 11장은 조금씩 다른 믿음의 냄새를 소개하고 있습니다. 가인보다 더 나은 제사를 드렸던 아벨의 믿음 냄새, 하나님과 동행하다 들림 받은 에녹의 믿음 냄새 등 수없이 다른 믿음 냄새가 가득 찬 'Hall of

Faith'(믿음의 전당)입니다.

모세는 바로의 노여움을 두려워하지 않았습니다. 익숙한 애굽에서의 삶을 뒤로 하고 과감한 믿음의 행보를 내디딥니다. 이스라엘의 출애굽을 미리 연습시킨 하나님의 연출입니다. 황량한 미디안 광야를 진동시키는 모세의 믿음의 냄새가 느껴집니다.

우리에게는 어떤 냄새가 날까요? 믿음의 냄새는 내 힘으로 하려고 할 때 나는 냄새가 아닙니다. 모든 예수 향기가 그렇듯이 내 힘이 아니라 하나님이 도와주시고 연출하시는 삶을 믿음으로 살아갈 때 나는 냄새입니다.

중국 지하교회 성도들은 예수님을 '가시밭의 백합화'라고 부릅니다. 백합이 가시에 찔려 찢어질 때 향기가 진하게 나오는 것처럼 예수님께서도 십자가에서 온몸이 찢겨져 사랑의 향기, 구원의 향기를 내셨기 때문입니다. 그래서 저들은 환난과 역경의 터널을 지나면서도 예수 향기를 날리며 살기를 갈망합니다. 이 아침에는 그 찬양을 부르고 싶습니다. 예수 냄새가 우리 몸에서 지워지지 않도록….

가시밭에 백합화 예수 향기 날리니
할렐루야 아멘

오, 주여
진하게 배어나는 예수 백합 향기를 사모합니다.
또한 우리 나름대로의 독특한 믿음의 냄새를
풍길 수 있기를 기대합니다.

세 가지 처방

딤후 3:14 "그러나 너는 배우고 확신한 일에 거하라 너는 네가 누구에게서 배운 것을 알며"

말씀에는 쓴맛, 단맛이 있습니다. 어떤 말씀은 당장 먹기에 어렵고 쓴맛이 나는 '쓴 한약' 과 같은 말씀이 있습니다. 또 어떤 말씀은 언제나 용기를 주고 기쁨을 주는 단맛이 넘치는 말씀이 있습니다.

그래서 그런지 사람들이 가장 좋아하고 암송하는 말씀은 주로 단맛을 내고 먹기에 쉬운 말씀인 경우가 많습니다. 시편 기자도 "주의 말씀의 맛이 내게 어찌 그리 단지요 내 입에 꿀보다 더 다니이다"(시 119:103)라고 고백합니다.

그런데 정작 말씀을 먹어보지 못한 사람은 이 말씀의 깊은 의미를 알 수가 없습니다. 표면적으로 받아들일 뿐입니다. 꿀을 먹어보지 않은 사람에게 아무리 그 맛을 설명해도 그 맛에 대해 알 수가 없는 것과 같습니다.

말씀의 맛은 그 말씀을 우리의 삶에 그대로 적용하고 순종할 때 비로소 알 수 있습니다. 성경에 나타난 '알다'라는 단어 자체가 '경험해서 안다'는 뜻을 지니는 이유와 같은 맥락입니다.

트루먼 대통령이 고향인 미주리 주 인디펜던스를 방문했을 때였습니다. 고향에서 대통령을 기념하여 세운 도서관 개관식에 참석하기 위해서였습니다. 대통령이 고향을 찾는다는 소식을 듣고 많은 사람들이 모여들었습니다. 아이들이 몰려들어 대통령에게 물었습니다.

"대통령 아저씨는 우리만 할 때 무엇을 했나요? 반장을 했나요?"

그러자 대통령이 대답합니다.

"아니다. 나는 너희만 할 때 아주 볼품이 없었단다. 운동도 못하고, 안경을 벗으면 책도 못 읽었단다."

"그러면 어떻게 대통령이 되었나요?"

"나는 매일같이 성경을 읽었단다. 그리고 내 뒤에서 밀어주시는 하나님의 힘을 믿었지. 나는 하나님의 말씀을 항상 내게 들려주었단다. 그중에서도 '내게 능력 주시는 자 안에서 내가 모든 것을 할 수 있느니라'(빌 4:13)는 말씀을 믿었고, 그대로 밀고 나갔단다."

사도 바울은 우리도 이러한 말씀의 맛을 경험할 수 있도록 세 가지 처방을 주십니다. 트루먼 대통령이 따랐던 그 세 가지 처방입니다. 첫째로 말씀을 배우고, 둘째로 확신하며, 셋째로 거하는 것입니다.

말씀은 진리이며 생명력이 있어 사람을 온전케 하는 능력으로 역사합니다. 어느 시대를 막론하고 누구든지 하나님의 말씀을 배우고 사랑한 사람은 변화를 경험했을 뿐 아니라 놀라운 능력의 삶을 살았습니다.

　배운 말씀을 확신하는 것이 필요합니다. 성경 지식을 많이 갖는 것도 중요하지만, 성경을 읽고 맥을 확실히 잡고 깨닫게 되면 확신이 따라오게 됩니다. 확신은 '깨달은 믿음'입니다.

　이런 과정을 거치면서 그 말씀은 우리 삶 가운데 적용되며 경험됩니다. 이것을 사도 바울은 '거한다'(dwell)로 설명합니다. 체험된 상태를 계속 유지하는 것을 말합니다.

　믿음은 말씀을 배움으로 오기에 '배우는 믿음'(learned faith)입니다. 이러한 세 가지 처방을 따르면 '소유된 믿음'(owned faith)이 됩니다. 믿음의 능력은 '소유된 믿음'이 되었을 때 나타납니다.

　사도 바울은 이것을 "복음에는 하나님의 의가 나타나서 믿음으로 믿음에 이르게 하나니 기록된 바 오직 의인은 믿음으로 말미암아 살리라 함과 같으니라"(롬 1:17)고 소개합니다.

　오, 주여
　오늘도 믿음을 배우며
　확신하고 거하기 원합니다.
　주의 믿음을 소유하게 하소서.
　이 아침의 기도입니다.

재미와 의미

> 엡 2:10 "우리는 그가 만드신 바라 그리스도 예수 안에서 선한 일을 위하여 지으심을 받은 자니 이 일은 하나님이 전에 예비하사 우리로 그 가운데서 행하게 하려 하심이니라"

재미있게 사는 인생과 의미 있게 사는 인생이 있습니다. 인생의 재미도 못 누린 채 지루한 삶을 사는 것을 좋아할 사람은 아무도 없습니다. 재미가 있어야 삶에 활력이 있고 창의적으로 살 수 있습니다.

재미는 우리의 창의성을 개발시키는 촉진제입니다. 재미를 못 느끼는 일을 하면서 창의적으로 무엇인가 발전시키는 사람은 없습니다. 본인이 흥미로운 분야를 할 때 창의적이 됩니다.

실제 아동 교육에도 흥미 학습이 주목을 받는 것은, 동기유발이 제대로 이루어져서 학습 효과를 높이고 창의성을 개발시키는 가장 효과적인 학습 방법이기 때문입니다. 그래서 가장 좋아할 만한 분야를 스스로 찾게 하고, 그것에 전력투구할 수 있게 하는 것이 최근 교육 방식임을 알 수 있습니다. 삶의 기쁨을 잃지 않고 놀 때 놀 줄 아는 사람이 되게 자녀를 양육하는 것이 대세가 되고 있습니다.

그러나 재미만을 추구한다면 자칫 '미래의 행복을 위해 현재의 즐거움을 포기하지 않는' 현세적이고 찰나적인 인생관이 형성되고 그때그때를 적당히 살아가게 할 수도 있습니다.

젊은이들 사이에서 쓰이는 표현 'Yolo'(You only live once)가 이에 해당되는 인생관입니다. 그래서 "하마터면 열심히 살 뻔했다"고 자조하는 자유방임이 될 수 있습니다.

반면에 의미는 우리의 가슴을 살아나게 합니다. 어려운 일이 닥치더라도 그 어려움을 '재해석'함으로 능히 이겨내게 합니다. 현재의 삶은 미래를 위한 투자이고, 의미는 더 나은 미래를 추구하는 동력이 됩니다. 의미는 목적이 이끄는 삶을 살게 하고 확고한 비전과 방향성을 갖게 하며 스트레스에 강하고 헌신의 열정을 줍니다. 무엇인가 의미 있는 일을 발견했을 때 가슴이 뛰는 소망이 넘치게 됩니다.

성경은 우리에게 재미를 말하지 않고 의미를 제시합니다. 바울은 우리가 하나님의 만드신 바 작품이라고 선언합니다. 그리고 "그리스도 예수 안에서 선한 일을 위하여 지으심"을 받았기에 그 선한 일 가운데 의미를 찾을 것을 말씀합니다.

마르다와 마리아의 비유는 이 선한 것의 의미를 명확하게 알려 줍니다. 마르다는 아름다운 마음으로 사람들을 섬겼고 열심히 일했습니다. 분명 마르다는 선한 일을 했습니다. 하지만 주님이 의미하는 선한 일은 아니었습니다. 반면 마리아는 마르다의 원망을 샀습니다. 마르다를 도와주지 않았기 때문입니다. 하지만 마리아는 사람이 아닌 하나님의 관점에서 '선한 일'을 한 것입니다.

이 '선한 일'은 우리가 노력하는 것이 아닙니다. 이미 "전에 예비하신 것"이라고 분명하게 말씀하고 있습니다. 이는 가지가 나무에 붙어 있기만 하면 열매를 맺는 것과 같은 의미입니다. 하나님께서는 목적과 계획에 맞는 '선한 일'을 위해 우리를 지으셨습니다. 하나님이 예비하신 그 길을 걸을 때 우리는 열매를 맺으며 '선한 일'에 쓰임 받게 되어 있습니다.

성령의 열매 가운데 양선(goodness)은 바로 이러한 '선한 일'에 쓰임 받아 맺는 열매를 말씀합니다. 이러한 '선한 일'을 발견하면서 가슴이 뛰는 감격은 재미의 차원을 뛰어넘습니다. 그래서 성경은 재미를 말하지 않고 감동과 감격을 말씀하고 있습니다.

하나님은 가슴이 뛰는 사람을 찾고 계십니다. 우리 삶의 의미를 예수 안에서 발견한 사람입니다.

하나님을 생각하면 가슴이 뛰는 사람
복음을 생각하면 가슴이 뛰는 사람
교회를 생각하면 가슴이 뛰는 사람
하나님의 작품입니다.

마음의 열매

갈 6:9 "우리가 선을 행하되 낙심하지 말지니 포기하지 아니하면 때가 이르매 거두리라"

한 달 전쯤 오랜만에 파파야를 사서 먹었습니다. 오랜만에 먹었던 파파야가 얼마나 맛있었던지 씨앗을 버리지 않고 뒷마당에 심자고 자꾸 재촉하는 아내에게, 파파야는 더운 지방에서 자라는 나무에서 나는 열매니 뉴욕에서는 심어도 안 될 거라고 말했습니다.

워낙 정원 가꾸는 것에 취미가 많다 보니 아내는 엉뚱하게도 넓은 유리그릇에 물에 적신 페이퍼 타월을 깔고 그 위에 파파야 씨앗을 올려놓고 집안에 따뜻한 바람이 나오는 곳에다 놓아두었습니다. 그러고는 정성스럽게 매일 물을 조금씩 주어 페이퍼 타월을 적셔주고 있었습니다.

상식적으로 볼 때 도저히 씨앗에 변화가 있으리라고는 생각지 않았지만 그 노력과 정성이 가상해 아무 말도 않고 응원해 주었습니다. 옛날에 읽었던 꽃씨를 나누어 준 왕 이야기가 기억났기 때문이었습니다.

어느 봄날 꽃을 좋아하는 한 왕이 온 백성에게 꽃씨를 나누어 주었습니다. 왕은 자신이 나눠 주는 꽃씨는 신령한 꽃이므로 마음씨가 고운 사람은 꽃이 예쁘게 피지만 마음씨가 나쁜 사람은 꽃이 피지 않는다고 말했습니다.

가을에 꽃을 검사해서 꽃을 가장 아름답게 피게 한 사람에게 큰 상을 내리겠다고 말합니다. 백성들은 저마다 아름다운 꽃을 피우기 위해 온갖 정성을 다하였습니다.

가을이 되어 왕이 꽃을 검사하겠다고 한 날이 되었습니다. 모든 백성들은 아름답게 핀 꽃 화분을 가지고 나왔습니다. 백성들은 왕에게 자기가 피운 아름다운 꽃을 봐 달라고 꽃을 높이 들었습니다.

형형색색의 아름다운 꽃이 백성들의 손에 넘실대는데 임금님은 전혀 기쁜 표정이 아니었습니다. 이때 한 소년이 빈 화분을 가지고 한쪽 구석에서 울고 있었습니다. 왕이 그 소년에게 물었습니다.

"얘야, 너는 왜 빈 화분만 가지고 울고 있느냐?"

그러자 소년이 울면서 "임금님이 주신 꽃씨를 심고 아무리 물을 주고 애써도 싹이 나지 않습니다. 저는 마음씨가 나쁜 아이인가 봐요"라고 말하고는 엉엉 울었습니다.

임금님은 그 소년을 품에 꼭 안고 함께 마차에 오르면서 백성들을 향해 "내가 봄에 나눠 준 꽃씨는 분명 꽃씨지만 싹이 나지 못하도록 볶은 것이었다. 볶은 꽃씨에서 예쁜 꽃이 필 수가 없는 것이다. 우리 가운데 가장 정직한 사람은 바로 이 소년이다. 가장 아름다운 마음의 꽃을 피운 이 소년에게 큰 상을 내리겠다"라고 선언합니다.

파파야 씨앗은 시간이 지나자 조금씩 썩는 냄새가 나서 매일 물을 주는 것을 멈추었고, 2주가 되자 씨앗은 오그라들어 아주 조그맣게 변했습니다.

열매는 맺지 못했지만 여기서 깨달은 교훈이 있습니다. 우리가 보상을 바라고 '선을 행한다'면 그것은 이미 '선한 것'이 못 될지도 모른다는 사실입니다.

그러므로 선을 행하면서 낙심할 필요가 없는 것은 보상이나 어떤 결과를 기대하면서 선행을 하는 것이 아니기 때문입니다. 선행은 선행 그 자체에 의미가 있습니다. 이는 어려운 처지에 있는 사람을 구제하는 주님의 원칙과 같습니다.

"오른손이 하는 것을 왼손이 모르게 하여"(마 6:3).

올바른 선행은 마음에서 비롯되는 것입니다. 그 마음의 열매가 저절로 맺어짐과 같이 때가 이르매 거두게 된다는 말씀입니다. 우리는 씨를 뿌리고 물을 주는 사람들입니다. 그 결과는 자라게 하시는 하나님이 맺어주십니다.

오, 주여
우리는 열심히 심고 물을 주겠습니다.
마음의 열매를 한껏 맺으며
때가 이르매 거두게 하시는
주를 바라봅니다.

하나님의 전략

 출 6:9 "그들이 마음의 상함과 가혹한 노역으로 말미암아 모세의 말을 듣지 아니하였더라"

우리가 좋아하는 복음성가 중에 '오 신실하신 주'라는 곡이 있습니다. 최용덕 형제의 곡으로 오랫동안 우리의 마음에 담겨 사랑받으며 하나님의 신실하심을 기억하게 하는 찬양입니다.

'낮엔 해처럼', '내가 먼저 손 내밀지 못했고', '나의 등 뒤에서' 등 여러 곡들로 우리에게 은혜를 끼친 최용덕 형제입니다. 특히 '오 신실하신 주'는 16살 된 사랑하는 딸을 뇌종양으로 잃은 아픔 가운데 만든 찬양이기에 더 깊이가 있습니다.

하나님 한 번도 나를
실망시킨 적 없으시며
언제나 공평과 은혜로
나를 지키셨네

모세가 바로에게 이스라엘 백성을 애굽에서 떠나게 하라는 하나님의 명령을 전하였을 때 바로는 일언지하에 거절합니다. 현실에 맞부딪친 모세는 낙심합니다. 말주변이 부족해 바로를 설득하지 못했고, 결국 실패하게 되었다고 생각한 것입니다.

설상가상으로 모세와의 대면 후 바로는 가혹한 처사를 내려 이스라엘 백성들의 마음을 흔들고 상하게 만듭니다. 이제는 이스라엘 백성들이 모세의 말에 대놓고 거슬러 반발하기 시작합니다.

실의에 빠진 모세에게 하나님은 "나는 여호와이니라" 하시면서 바로 앞에 담대히 나아갈 것을 명하십니다. 그러고는 뜬금없이 이스라엘의 족보를 말씀하십니다. 족보를 통해 아론을 예비하신 하나님의 준비과정을 보여주시고, 하나님 나라를 이루어가는 것은 모세의 능력이나 아론의 언변에 있는 것이 아니라 하나님의 손에 달려 있는 것을 알려주십니다.

하나님은 모세를 설득력 있는 웅변가로 바꾸시지 않았습니다. 하나님의 전략은 바로 앞에서 모세를 마치 '신'같이 태산 같은 존재로 보이게 하시고 아론을 그 대언자로 붙여주셔서 하나님의 일을 나타나게 하십니다. 하나님의 전략입니다.

말을 잘한다고 사람들이 복음을 받아들이는 것이 아닙니다. 우리가 입이 둔해서 사람들이 복음을 거절하는 것도 아닙니다. 사람들이 하나님께 돌아오는 것은 오직 하나님의 역사입니다.

하나님은 하나님의 일을 하실 때 우리의 약점을 제거하시고 탁월한 점만을 사용하시는 분이 아닙니다. 오히려 그 약함을 통해 교만하지 않고 항상 깨어 기도하게 하시고 하나님만 의지하게 하십니다.

모세가 여전히 입이 둔한 자로 남아 있는 것이 하나님의 은혜인 것처럼, 우리에게도 답답한 현실과 부족함과 연약함이 없어지지 않고 그대로 있는 것이 오히려 은혜일 수 있습니다. 우리의 모자람과 연약함을 통해서 오히려 하나님의 능력과 은혜가 더욱 크게 나타날 수 있습니다.

그래서 우리도 사도 바울처럼 '약할 때 강함 되시네'를 감사함으로 찬양할 수 있는 것입니다. 우리의 약함은 하나님 전략입니다. 그분이 우리의 삶에 더 나타나실 수 있는 길입니다.

오, 주여
우리의 부족함과 약함을
더 자랑하겠나이다.
쓰러진 우리를 세우고
빈 잔을 채워 주소서.

주께 하듯

골 3:23 "무슨 일을 하든지 마음을 다하여 주께 하듯 하고"

요즘 한국에서 최고의 인기를 구가하는 TV쇼가 예능 아니면 먹방 프로라고 합니다. 먹방은 먹는 방송으로 전국 방방곡곡을 다니며 특이한 음식 맛과 사연을 소개하는 프로그램입니다.

경상도에 한 설렁탕집이 있는데, 이 식당은 항상 최고의 재료를 쓴다고 합니다. 그 식당 주인의 신조가 있는데 "예수님이 드셔도 만족해하실 설렁탕을 끓인다"라고 합니다.

설렁탕의 주재료인 뼈와 고기는 물론 양념과 무, 배추도 가장 좋은 것을 쓴다고 합니다. 그런데 어느 날 설렁탕을 끓이는데, 국물이 뽀얗지 않고 누렇게 되었습니다. 큰일이다 싶어 뼈를 납품하는 사람에게 전화를 했더니 죄송하다고 사과를 합니다.

납품된 물건이 실수로 바뀌었다고 하면서 그날만 크림을 타라고 권하는 것이었습니다. 크림을 타면 국물이 뽀얗게 되지만 주인은 결코 그럴 수가 없었습니다.

주인은 그날 큰 결정을 내립니다. 가게 문에 글을 하나 써 붙이고 문을 닫았습니다.

"오늘은 설렁탕 재료가 좋지 못해서 쉽니다. 죄송합니다."

고객을 예수님처럼 모시는 이 주인의 정직한 마음과 행동은 많은 사람을 감동시켰습니다. 이것이 사도 바울이 말하는 그리스도의 종 된 사람의 태도입니다. 누구를 대하든지 무엇을 하든지 주님 대하듯 하는 것입니다.

우리의 신앙에서 빠지기 쉬운 함정 중 하나는 삶의 영역을 성(聖)과 속(俗)으로 구분하고, 이 두 영역을 나누고 서로 대립하는 세계로 생각하는 것입니다. 교회의 일과 세상일을 대하는 자세가 달라지는 것도 이에서 비롯된 생각입니다.

사실 기독교 윤리의 역사를 볼 때 기독교는 삶의 세계를 성스러운 영역과 세속적인 영역, 신앙적 영역과 비신앙적 영역을 분리하는 이원론적 생각이 지배적이었던 것도 사실입니다.

스탕달의 《적과 흑》이라는 소설이 이 주제를 다루고 있어 그 시대에 상당한 파문을 일으켰습니다. 신분 상승을 지향하던 주인공 줄리앙의 위선은 그가 원해서 몸에 붙인 것이 아니고 사회에서 강요된 것임을 예리하게 묘사합니다. 위선된 성속분리의 사회현실을 고발하고 있습니다.

성속분리의 이원론 때문에 많은 성도들이 의식적 또는 무의식적으로 신앙생활을 성속의 두 가지 영역 중에서 하나를 택하여야 하는 것으로 생각해왔습니다.

이로 말미암아 개인의 삶에서부터 사회생활에 이르기까지 이중 잣대를 대면서 위선적인 행위가 나타나게 된 것입니다. 심지어는 이웃을 도외시하는 '개독교'로 지탄 받는 일까지 생깁니다.

  사도 바울의 말씀은 성속의 구분을 배격합니다. 삶의 모든 영역에서 우리의 인식세계를 지배하는 '세계관'을 말씀하고 있습니다. "무엇을 하든 주께 하듯 하라"는 것입니다.

  오, 주여
우리의 신앙과 삶이 다르지 않도록 하소서.
믿는 사람들과 어울릴 때나
믿지 않는 사람들 사이에 있을 때에도
우리의 태도가 같게 하소서.
이 아침의 기도입니다.

보우하사

 시 125:2 "산들이 예루살렘을 두름과 같이 여호와께서 그의 백성을 지금부터 영원까지 두르시리로다"

애국가를 듣다 보면 가사에서 성경적인 의미를 많이 발견하게 됩니다. 물론 미국 국가처럼 직접적이진 않지만 성경적인 의미가 내포되어 있습니다. 특히 시편 중에서 "성전에 올라가는 노래"들과 유사한 점이 있습니다.

"하나님이 보우하사 우리나라 만세"에서 '보우'는 '보호하고 도와주다'를 의미하며, 시편 기자가 사용한 '두르다'와 비슷한 의미입니다.

"산들이 예루살렘을 두름과 같이 여호와께서 그의 백성을 지금부터 영원까지 두르시리로다"는 "하나님이 보우하사 우리나라 만세"와 거의 같은 의미입니다.

한국에서 예루살렘과 가장 비슷한 지형을 꼽는다면 남한산성을 들 수 있습니다. 남한산성은 산으로 둘러싸이고 가운데 분지가 있어 아주 안전한 곳입니다. 옛날에 적군이 쳐들어오더라도 쉽게 함락시킬 수 없던 요새였습니다.

남한산성으로 피난 갔던 인조가 성문을 열고 항복하지 않았다면 적들이 도저히 함락시키지 못할 요새였습니다. 산으로 둘러싸여 있는 천혜의 요새입니다.

예루살렘도 북쪽으로는 높은 고원지대가 있고, 동서남쪽은 산으로 둘려 있습니다. 산으로 둘러싸인 곳에 시온 산이 있고 그 산 꼭대기에 예루살렘 성이 있기 때문에 난공불락의 요새입니다.

예루살렘은 바깥에서 공격해서 정복당한 적이 별로 없습니다. 포위하고 있으면 식량이 모자라서 스스로 항복하고 나오기 전에는 밖에서 공격해서는 예루살렘을 함락시킬 수 없습니다. 남한산성과 지세가 흡사합니다.

로마가 나중에 북쪽 고원에 큰 산을 만들어 쳐들어가서 예루살렘을 함락시킨 기록 외에는 이렇다 할 패배를 경험한 적이 없습니다. 예루살렘은 사방으로 둘러싸여 안전한 천혜의 요새입니다.

시편 기자는 이러한 예루살렘 성의 지세를 빗대어 우리를 향한 하나님의 보호와 도우심을 소개합니다. 흔들림이 없고 실수가 없으신 하나님의 보호입니다.

양궁의 금메달리스트 장혜진 선수는 이에 대한 체험을 간증합니다. 양궁은 고도의 집중력을 필요로 하는 경기입니다. 숨소리 하나라도 불안하면 화살이 잘못 날아간다고 합니다. 다른 어느 경기보다도 집중력을 높여야 하는 종목입니다.

그녀가 사선에 섰을 때 몹시 흔들리는 마음에도 중심을 잡고 화살을 쏠 수 있었던 것은 하나님이 둘러싸고 계셨기 때문이라고 고백합니다. 하나님을 신뢰하는 그 마음으로 화살을 당겼다고 눈물로 간증합니다.

이 아침에 우리도 함께 산을 향하여 눈을 듭니다. 그리고 조용히 묻습니다. 우리의 도움이 어디에서 올꼬?

천지를 지으신 여호와
우리를 보우하사 둘러싸고 계시는
그분으로부터 옵니다.

오, 주여
이 시간에도 우리를 두르사 영원토록
보우하시는 주를 찬양합니다.
감사합니다!
사랑합니다!

내가 너희를 사랑한 것같이

요 13:34 "내가 너희를 사랑한 것같이 너희도 서로 사랑하라"

세계의 여러 나라들을 여행해보면 복장이나 생활습관으로 거주민들의 종교를 알 수 있습니다. 삭발한 머리에 회색 승복을 입은 사람을 보면 승려입니다. 그들은 세속의 인연을 끊겠다는 의지로 삭발을 합니다.

유대교인들은 키파(Kippah)라고 불리는 작은 모자를 머리에 씁니다. 먹는 음식도 코셔라고 해서 구약성경에서 허용된 음식만을 먹습니다. 코셔 인증을 받은 주방기구를 쓰고 유대교에서 허락한 방식으로 음식을 조리하도록 합니다.

이슬람교의 여인들은 몸을 가리기 위해 히잡이라는 옷을 입습니다. 그들은 할랄 음식을 먹습니다. 코셔와 비슷한 과정을 치릅니다. 그 외에도 힌두, 시크 등 많은 종교인들에게도 그들만의 특징적인 복장과 생활 패턴이 있습니다.

그런데 우리 기독교인들은 딱히 드러낼 만한 복장이나 특별한 생활습관이 따로 없습니다. 그래서 복장이나 외모로 보면 기독교인인지 아닌지를 구별할 수가 없습니다. 우리 주님이 원하시는 제자의 모습은 외적인 복장이나 식생활을 규정함으로 예수님의 제자인 것을 드러내는 것이 아닙니다.

"서로 사랑하면 너희가 내 제자임을 알 것이다."

우리가 예수 그리스도의 제자이고, 우리 교회가 예수 그리스도의 몸인 것을 세상 사람들에게 알리는 방법은 바로 서로 사랑함을 통해서임을 우리 주님이 확실하게 못 박으십니다.

그런데 그 사랑이 세상이 알고 있는 정도의 사랑이 아닙니다. "내가 너희를 사랑한 것같이"라는 단서가 붙습니다. 그 사랑은 아낌없이 자신을 내어주신 사랑입니다.

세상의 사랑은 '빗나간 사랑'인 경우가 대부분입니다. 상대를 사랑하되 자기 방식대로 사랑하는 사랑입니다. 상대방이 원하는 방식대로의 사랑이 아니기에 사랑하지만 자기중심적입니다.

그 사랑이 받아들여지지 않을 때 분노합니다. '자기를 주는 사랑'이 아니라 '자기가 받아들여지기'를 원하는 사랑이라는 꼬리표가 붙어 있는 사랑입니다. 그래서 그 사랑이 이해되지 못하고 그 마음이 받아들여지지 않을 때 섭섭해 하고 불쾌해 합니다. 때로 분노의 표현이 냉담이나 무시로 나타날 때도 있습니다. 자기방어로 나타나는 현상입니다.

그러나 우리 주님의 사랑은 자신을 송두리째 주신 사랑입니다. 아무런 다른 꼬리표가 붙어 있지 않은 아낌없이 주신 사랑입니다.

사도 바울은 이것을 깊이 깨달았기에 "우리가 아직 죄인 되었을 때에 그리스도께서 우리를 위하여 죽으심으로 하나님께서 우리에 대한 자기의 사랑을 확증하셨느니라"(롬 5:8)고 말씀합니다.

이러한 주님의 사랑을 경험하고 감사함으로 주님의 사랑을 실천했던 초대교회 교인들의 특징은, 서로 목숨을 내어줄 정도의 사랑을 했다는 것입니다. 순교를 불사하며 '서로 사랑'하였기에 그들을 비밀리에 감시하던 로마의 스파이들이 황제에게 올린 보고서에는 그리스도인의 가장 큰 특징으로 그들의 사랑을 기록하고 있습니다.

이제 우리는 사랑하는 법을 다시 배워야 할 때입니다. 내 눈에 상대방을 맞추지 않고 상대방의 눈에 우리 자신을 맞추는 사랑을 배워야 합니다. 그것이 바로 우리 주님이 말씀하는 "내가 너희를 사랑한 것같이"이기 때문입니다. 그것이 '서로 사랑'함으로 주의 제자가 되는 길입니다.

오, 주여
사랑하는 법을 배우기 원합니다.
나의 법을 강요하지 않고
상대방에 맞춰 사랑하도록
사랑하는 법을 배우게 하소서.

사라진 은컵

벧전 5:8 "근신하라 깨어라 너희 대적 마귀가 우는 사자같이 두루 다니며 삼킬 자를 찾나니"

벌써 오래전 지인 한 분이 레오나르도 다빈치의 최후의 만찬 그림을 본으로 해서 만든 석고상을 선물로 주셨습니다. 오랜 세월이 지났지만 아직 테이블 위에 두고 있습니다.

복사본이지만 그 조각을 볼 때마다 기억나는 이야기가 있어 귀하게 간직하고 있습니다. 레오나르도 다빈치가 어느 날 이태리의 한 성당으로부터 예수님 최후의 만찬 모습을 그려 달라고 부탁을 받습니다.

그는 온갖 정성과 심혈을 기울여 예수님의 마지막 만찬을 완성했습니다. 열두 제자를 세 사람씩 무리지어 놓고 중앙에는 예수님이 손을 들고 있는 모습을 그렸습니다. 그리고 오른손에 잔을 들고 계신 예수님의 양쪽에 6명씩 그려 놓았습니다.

작품이 완성되었을 때 다빈치는 늘 그랬듯이 절친한 친구를 불러 그림을 보여주며 의견을 들어보았습니다. 소위 친한 친구들과 품평회를 가진 것입니다. 그림을 본 친구는 깜짝 놀랐습니다. 최대의 걸작품이었기 때문입니다. 더욱이 예수님 손에 들려진 은컵이 어찌나 섬세한지 그 컵에서 눈을 뗄 수가 없었다고 말합니다. 그 후 다빈치는 성당에서 예수님 최후의 만찬 그림을 발표했습니다.

그런데 그 친구는 그렇게 아름답게 보였던 은컵이 사라진 것을 확인하고 레오나르도 다빈치에게 왜 그렇게 잘 그린 컵이 사라졌느냐고 물었습니다. 그러자 다빈치가 대답했습니다.

"이 그림에서는 예수 그리스도 이외에 그 어떤 것도 중심이 될 수 없기 때문이네."

친구의 품평을 들은 후 고심 끝에 예수님이 들고 계셨던 은잔을 없애고 손을 내리신 모습으로 바꾼 것입니다.

베드로 사도가 경계한 "근신하라 깨어라"는 말씀은 영적으로 잠을 자는 사람들에게만 해당하는 말씀이 아닙니다. 나름대로 열심히 기도하는 사람들에게도 해당하는 말씀입니다. 우리 신앙의 중심이 예수 그리스도가 되지 못할 때, 언제든 마귀는 우는 사자처럼 우리를 삼키려는 시도를 멈추지 않기 때문입니다.

오, 주여
우리 믿음의 초점이 주님만이
되게 하옵소서.
그 어떤 것일지라도
초점을 흐리지 않게 하소서.
이 아침의 기도입니다.

꿀떡

 겔 36:26 "새 영을 너희 속에 두고 새 마음을 너희에게 주되"

떡집에서 방금 맞춰온 떡은 따뜻하고 부드러워 꿀떡이라고 하는 말처럼 입에 술술 넘어갑니다. 그러나 하루 이틀 지나 상하지 않게 냉장고에 넣어두면 얼마 되지 않아 딱딱하게 굳어 버립니다.

딱딱하게 굳은 떡은 먹기에 매우 불편하고 맛도 전만 못합니다. 그래서 전자레인지에 넣고 데우든가 아니면 프라이팬에 올려놓고 구워 먹습니다.

성령으로 새롭게 된 마음은 처음에는 방금 떡집에서 나온 떡같이 보들보들하지만, 시간이 지나면 세상의 유혹과 욕심으로 인하여 딱딱하게 굳어버린 육신의 마음으로 변합니다. 육신의 마음을 가진 사람은 하나님을 섬길지라도 세상의 뜻과 하나님의 뜻을 제대로 분별하지 못하고 이 세대를 본받고 이 세대를 좇아 살게 됩니다.

우리가 딱딱한 떡을 꺼내 먹을 때 데우거나 구워 먹듯이, 딱딱한 육신의 마음을 다시 부드럽게 하기 위해서는 성령의 레인지에 우리의 심령을 넣든가 성령의 불판에 올려놓고 녹여야 합니다.

이는 마치 봄에 내리는 비와 같습니다. 봄비는 겨울 동안 잠들었던 대지를 깨웁니다. 겨울의 춥고 척박한 땅을 밝고 따뜻한 땅으로 바꾸는 일을 합니다.

봄비는 자연에 생기를 불어넣어주는 역할뿐 아니라, 겨우내 위축되었던 마음을 열어주는 촉매제 역할을 합니다. 봄비- 늦은 비가 올 때에는 새로운 시기로 접어드는 때입니다. 이스라엘은 연중 두 번 크게 비가 내립니다. 이른 비와 늦은 비입니다. 10월과 11월 밀 추수 후에 내리는 이른 비가 파종을 가능하게 합니다. 4-5월에 내리는 늦은 비는 보리의 결실을 돕습니다.

봄비는 마치 우리의 심령 가운데 내리는 새 영과 같습니다. 은혜의 비가 내리면 생명이 살아나고 회복이 일어나며, 주님 생각에 빠지게 하고 마음이 따뜻해집니다.

봄비 맞은 우리의 묵은 땅을 기경합시다.
굳은 마음은 성령의 레인지에 넣고 데웁시다.
물론 기도가 성령의 레인지입니다.
봄비가 내립니다.

행복한 사람

 "빌립이 입을 열어 이 글에서 시작하여 예수를 가르쳐 복음을 전하니"

    이문세 씨가 노래한 '행복한 사람'이란 대중가요가 있습니다. 누군가를 사랑하기에 행복한 사람이라는 고백을 하는 곡입니다. 노래가 따라 부르기 쉽고 서정적이라 많은 분들이 좋아하는 곡입니다.
    노랫말처럼 누군가를 사랑할 때 느끼는 행복감은 그 무엇과 비할 바가 없습니다. 성경에는 예수님을 사랑한 많은 사람들을 기록하고 있습니다. 그들은 진정 행복한 사람들이었습니다.
    그 사랑이 "자신의 목까지도 내어 놓을 수 있는" 사랑이었기에 그 행복감은 더욱 진했습니다. 그래서 그들은 어려운 가운데에 서로 나누고 돌아보는 동료애 또한 남달랐습니다.
    빌립은 자신이 전도자로 쓰임 받았기에 같은 전도자로 쓰임 받는 바울을 마음속으로 아끼며 존경했습니다. 빌립이란 이름은 헬라말로 '말'(horse)이라는 뜻입니다. 빌립보라는 도시 이름도 '말을 사랑하는 자'에서 유래된 것입니다.

빌립은 자기 이름값을 톡톡히 치렀던 인물이었습니다. 그는 남들이 가기 싫어하던 곳인 사마리아를 자청해서 갔습니다. 광야도 마다하지 않았습니다. 해변으로도 갔습니다. 해변은 원래 어업을 하는 사람들이 살아 미신이 난무하는 곳입니다.

그러나 빌립은 그런 곳을 마다하지 않고 기쁨으로 갔습니다. 빌립이 사용한 무기는 하나님의 말씀이었습니다. 성령에 이끌리어 마차를 타고 가던 에티오피아의 국고를 맡은 환관을 만납니다.

내시는 자신이 읽은 이사야 선지자의 글의 내용이 누구를 말하는 것인지 잘 모른다고 했습니다. 그래서 빌립은 그 예언의 말씀을 잘 풀어서 이야기해주었습니다. 말씀의 주인공이 예수 그리스도임을 증거했습니다.

그러자 내시는 흥분하면서 말하기를 세례를 받고 예수를 믿겠다는 것입니다. 가던 길에 물이 있는 곳에 멈추어 세례를 거행합니다. 세례식을 마치자 주의 영이 빌립을 홀연히 어디론가 이끌고 갑니다.

그는 철저히 성령에 이끌렸던 전도자였습니다. 행복한 사람입니다. 훗날 빌립은 자신의 집사 동기인 스데반이 돌로 맞아 죽을 때 증인 역할을 했던 동료의 원수 바울을 만납니다.

전도자로서 종횡무진하는 그의 삶을 보며 경악합니다. 같은 전도자로서 동료애가 솟아납니다. 바울이 전도 여행을 마치고 예루살렘으로 들어올 때 해변가 가이사랴에서 바울을 맞이해 자신의 집으로 초대합니다. 최선을 다해 바울을 섬기고 공궤합니다. 빌립은 성령의 이끌림을 받는 전도자 바울을 알아보고 사랑합니다. 그의 네 딸들은 바울을 위해 기도하며 예언합니다.

그들의 나눔은 끝이 없었습니다. 밤이 새도록 주의 사역에 대한 이야기로 해변 마을에서의 밤을 하얗게 새웁니다.

행복한 전도자
주의 사랑으로 가득한 전도자
그들은 행복을 끼치고 나누는 사람들입니다.
영원을 위해 현재를 투자하는 사람들입니다.

오, 주여
우리도 주의 복음에 취하여
주를 사랑하고, 그 사랑을 나누는 자로
살게 하소서.
그것이 우리의 행복이 되게 하소서.

삶은 달걀

시 23:4 "내가 사망의 음침한 골짜기로 다닐지라도 해를 두려워하지 않을 것은 주께서 나와 함께하심이라"

성경의 수많은 말씀 중에서 가장 유명한 구절이 무엇일까요? 설문조사에 따르면 가장 많이 알려진 성경구절은 요한복음 3장 16절이라고 합니다. 성경의 핵심적인 메시지를 담고 있기에 그렇습니다.

가장 많이 암송하는 구절로는 창세기 1장 1절을 들고 있습니다. 짧으면서 성경의 가장 앞부분에 있기 때문일 것입니다. 교인들의 집에 가장 많이 액자로 걸려 있는 말씀은 "사랑하는 자여 네 영혼이 잘됨같이 네가 범사에 잘되고 강건하기를 내가 간구하노라"(요삼 1:2)입니다.

또 식당이나 사업장에 가면 "네 시작은 미약하였으나 네 나중은 심히 창대하리라"(욥 8:7)는 말씀이 가장 많이 벽에 걸려 있는 것을 봅니다. 그런데 시편 중에서는 가장 많이 암송되고 사랑받는 것이 단연 시편 23편입니다.

"여호와는 나의 목자시니 내가 부족함이 없으리로다." 이 시편 23편을 가지고 만든 찬양도 많아서 아마 그 찬양들만 골라서 mp3에 담아도 하루 반나절은 들을 수 있을 것입니다.

그렇다면 시편 23편은 왜 이렇게 유명하고 사람들이 좋아하는 시편이 되었을까요? 그 이유는 짧고 간결한 이 말씀이 담고 있는 분명한 위로와 확신의 메시지 때문일 것입니다.

탈무드에 보면 "인생은 삶은 달걀과 같다"라는 말이 있습니다. 이스라엘 백성들은 고통이 오거나 고통을 기념하는 날이면 삶은 달걀을 먹는다고 합니다. 더욱 인상 깊은 것은 그들의 결혼식에도 종종 삶은 달걀을 음식 메뉴에 포함시킨다는 것입니다. 거기에는 깊은 의미가 담겨 있습니다.

모든 음식물은 대개 뜨거운 불 위에서 끓이면 끓일수록 녹아내려 액체로 변하는데, 오직 달걀만은 끓으면 끓을수록 단단해진다는 데에 그 의미를 둡니다. 이와 마찬가지로 우리의 인생도 고난이 오면 약해지는 것이 아니라 더욱 강해지고 오히려 성장하며 움츠러들지 아니하는 것이기에, 새롭게 출발하는 신혼부부도 그렇게 될 것을 축복하는 기도가 삶은 달걀에 담겨 있다고 합니다.

그래서 그들은 고통스런 날이면 삶은 달걀을 먹으며 자신의 삶에 용기와 힘과 소망을 얻는다고 합니다. 삶은 달걀을 먹으면서 다윗의 선포를 다시 한번 되새기는 것입니다.

"내가 사망의 음침한 골짜기를 다닐지라도 해를 두려워하지 않을 것은 주께서 나와 함께하심이라."

오늘 이 아침에 달걀을 삶아서 그 의미를 되새겨보려 합니다. 껍질을 벗기고 단단해진 달걀을 입에 넣고 부드럽게 씹히는 삶은 달걀을 먹으며, 어려움 속에서도 믿음을 잃지 않고 일어서는 믿음의 형제자매들을 응원하며 함께 기도하려 합니다.

주님이 동행하시는 이 신앙의 여정에
여러분과 함께하기에
행복합니다.

Take it slow(신중한 대응)

> 잠 14:30 "평온한 마음은 육신의 생명이나 시기는 뼈를 썩게 하느니라"

동양 사람으로 세계 역사를 좌지우지했던 인물 중 한 사람인 칭기즈칸에 얽힌 일화가 많이 회자됩니다. 칭기즈칸은 호전적인 인물로 사냥을 즐겼다고 합니다.

그가 사냥을 나갈 때면 늘 매와 함께 갔는데 매를 애완동물 이상으로 친구같이 대했다고 합니다. 사냥을 마치고 돌아오던 어느 날 목이 말라서 바위틈에서 똑똑 떨어지는 석간수를 발견하고 잔에 받아 마시려는 순간 갑자기 매가 그의 손을 치는 바람에 잔을 떨어뜨리고 말았습니다.

무심코 실수로 그랬으려니 하고 또 물을 받아 마시려고 할 때마다 계속해서 매가 물을 엎어버리는 짓을 합니다. 몹시 화가 난 칭기즈칸이 칼을 휘둘러 매를 죽여 버리고 말았습니다.

그런데 바로 다음 순간 바위 위를 올려다보았더니 그 고인 물 안에 독사의 시체가 썩고 있었던 것입니다. 상황을 알아챈 칭기즈칸이 통탄한 심정으로 막사로 돌아와서는 황금으로 매의 형상을 만들게 합니다. 그리고 양 날개에 "분노로 한 일은 실패하기 마련이다. 설령 마음에 들지 않는 일을 하더라도 벗은 여전히 벗이다"라는 글귀를 새겼다고 합니다.

시기와 질투 그리고 분노는 무엇이 내 마음에 들지 않거나 원하는 일이 마음대로 되지 않을 때 일어나는 우리 안에 잠재되어 있는 악한 성품입니다. 사탄은 부추김을 하며 조급하게 어리석은 판단을 하게 합니다.

솔로몬의 잠언에 주목할 만한 특징이 있습니다. 대조법을 사용해 지혜의 말씀을 명확하게 우리 마음에 담아주는 것입니다. "평온한 마음은 육신의 생명이나 시기는 뼈를 썩게 하느니라."

평온한 마음과 시기와 분노로 들끓는 마음은 어찌 보면 간발의 차이입니다. 조금 더 침착하게 말씀을 묵상하고 그리스도의 심장을 묵상하며 'take it slow'(신중한 대응) 하게 되면 평온을 유지할 수 있습니다.

한 나이가 많은 체로키 인디언이 손자에게 삶에 대해서 가르치고 있었습니다.

"마음속에는 늘 싸움이 일어난단다. 너무 끔찍한 싸움이어서 마치 두 마리 늑대가 싸우는 것과도 같단다. 하나는 악마 같은 놈인데 분노, 질투, 시기, 슬픔, 후회, 탐욕, 교만, 분개, 자기연민, 죄의식, 열등감, 거짓, 허영, 잘난 체하면서 늘 자신의 거짓 자아를 나타낸단다. 그런데 다른 하나는 선한 놈이지. 이놈은 기쁨, 평강, 사랑, 희망, 친절, 선의, 고요함, 겸손함, 동정심, 관대함, 진실, 연민, 신뢰를 나타낸단다. 그래서 이 둘의 싸움은 네 안에서도 일어나고, 다른 모든 사람들의 마음속에서도 일어난단다."

그 이야기를 듣고 있던 손자는 잠시 동안 할아버지의 말을 생각하다가 이렇게 묻습니다. "할아버지, 그럼 어떤 늑대가 이기나요?" 그러자 체로키 노인은 대답합니다.

"그것은 말이다. 네가 먹이를 주는 놈이 이긴단다."

오, 주여
우리의 마음에 너무 서두름이 앞서고 있습니다.
너무 빠르게 판단하고
너무 빠르게 결론을 내립니다.
Take it slow 하게 하소서!
이 아침의 기도입니다.

몸살과 영살

> 시 32:3 "내가 입을 열지 아니할 때에 종일 신음하므로 내 뼈가 쇠하였도다"

가끔 '몸살'이 나서 쉬어야 할 때가 있습니다. 실제로 몸살은 몸이 살려달라고 우리에게 말을 거는 것입니다. 몸에서 신호를 주면 무시하지 말고 쉬어야 합니다.

누워 있는 것만 가지고는 시간이 좀 많이 걸리고 한국 같으면 영양 주사라도 한 대 맞아 회복하는 경우도 있습니다. 몸이 살려달라고 신호를 보낼 때는 쉬어야 합니다. 그렇지 않으면 건강을 해치고 수명도 단축될 수 있습니다.

그런데 우리에게 몸살이 있듯이 우리의 영혼이 살려 달라고 외치는 '영살'도 있습니다. 평안이 깨어지고 불안과 두려움이 엄습해 올 때는 우리의 영혼이 살려달라고 신호를 보내는 '영살'입니다.

그때는 몸을 쉬거나 집에 그냥 있는다고 회복되는 것이 아닙니다. 하나님을 찾고 그분 앞에 엎드릴 때 회복될 수 있습니다. 영이신 하나님께서 우리 안에 있는 속사람, 영에 보내는 초대입니다.

이때는 하나님의 말씀으로 돌아가야 하고, 기도의 자리로 나가서 기도해야 합니다. 몸살을 무시하면 병을 키워서 결국 큰일을 치르게 되는 것처럼, 영살을 무시하면 결국 영과 육의 패망을 가져오게 됩니다.

몸이 살려 달라고 외치는 몸살이 우리 몸을 살리려는 하나님의 축복이듯이, 불안과 두려움은 불신앙이 아니라 신앙을 회복하라고 하나님께서 우리에게 주시는 변장된 축복입니다.

몸살과 영살이라는 자동 시스템이 있기에 우리는 건강한 몸과 영을 가지고 살 수 있는 것입니다. 불안과 두려움이 올 때 이상하게 생각하지 마십시오. 우리의 영이 우리에게 살려달라고 소리치는 것입니다. 하나님을 찾으라는 신호입니다.

시편 기자는 말씀합니다. "내가 입을 열지 아니할 때에 종일 신음하므로 내 뼈가 쇠하였도다"는 바로 영살의 상태를 말씀하고 있습니다.

> "내 영혼아 네가 어찌하여 낙심하며 어찌하여 내 속에서 불안해하는가 너는 하나님께 소망을 두라 그가 나타나 도우심으로 말미암아 내 하나님을 여전히 찬송하리로다"(시 43:5).

영살의 진단과 그 처방을 알려주는 말씀입니다.

오, 주여
영살의 실체를 알았습니다.

이 아침에 주님 앞에 나옵니다.

평강에서 평강으로
은혜에서 은혜로
믿음에서 믿음으로 인도하소서.

친구

요 15:14 "너희는 내가 명하는 대로 행하면 곧 나의 친구라"

　친구 따라 강남 간다는 말이 있습니다. 그만큼 친구의 의미는 우리 인생에 있어서 상당히 중요한 부분을 차지합니다. 오래 전 김민기의 금지곡이었던 '친구'를 부르면서 친구 따라 데모대에 나서던 시절이 있었습니다. 그만큼 친구는 우리에게 막대한 영향을 끼치는 가까운 사람입니다. 그런데 우리 주님이 제자들에게 "내가 명하는 대로 행하면 곧 나의 친구"라고 말씀하십니다. 그런 주님이 먼저 제자들의 진정한 친구가 되셨습니다.
　아직 어둠이 가시지 않은 새벽에 예수님의 제자 사랑은 새벽 공기를 따뜻하게 했습니다. 가룟 유다가 군대와 대제사장들과 바리새인들에게서 얻은 하속들을 데리고 예수님을 잡으러 왔습니다. 그때 예수님이 그를 잡으러 온 무리와 나눈 대화를 요한은 이렇게 복음서에 담고 있습니다.

　"예수께서 대답하시되 너희에게 내가 그니라 하였으니 나를 찾거든 이 사람들이 가는 것은 용납하라 하시니"(요 18:8).

이를 현대적인 상황으로 옮기면 이런 대화입니다.
"너희가 누구를 찾느냐. 내가 예수다. 너희가 찾는 사람이 나이니 여기 있는 사람들은 다 가게 하라."

붙잡히는 순간에도 자신보다 제자들의 안전을 먼저 생각하고 지키시는 예수님의 모습입니다. "친구를 위해 목숨을 버리면 더 큰 사랑이 없다" 하신 예수님의 모습입니다. 제자들은 그날 그 새벽에 예수님을 홀로 두고 뿔뿔이 다 흩어졌습니다. 하지만 예수님은 아셨습니다. 제자들이 다 떠났어도 아버지께서 함께하고 계셨기에 혼자 남았어도 외롭지 않으셨습니다. 오히려 예수님은 제자들이 안전하게 자신으로부터 떠난 것을 다행으로 여기셨습니다.

예수님의 사랑이 우리 가슴 가운데 깊이 전해져 옵니다. 그리고 그 사랑이 바로 우리를 지키시는 진정한 친구의 마음으로 가슴에 다가옵니다. 못난 우리가 뭐라고…잡히시던 그 새벽이 주님의 사랑으로 우리 마음 가운데 다가옵니다. 우리를 대신해 잡히신 우리 주님, 그분의 발걸음에 우리의 걸음을 보탭니다.

우리 중 어떤 분은 아직 멀찍이 떨어져 따르고
우리 중 어떤 분은 조금 더 가까이 걸으며
주님의 모든 말씀을 가슴에 담습니다.
가까이든, 멀찍이든 우리는
주님을 따릅니다.

저 낮은 곳을 향하여

고전 1:28 "하나님께서 세상의 천한 것들과 멸시 받는 것들과 없는 것들을 택하사"

우리 인생은 순간순간 선택의 삶입니다. 아침부터 선택은 시작됩니다. 방 한쪽의 옷장을 열면 오래된 옷으로부터 최근에 산 옷에 이르기까지 옷들이 나란히 걸려 있습니다. 모두 한결같이 우리의 선택을 기다립니다. 옷장을 여는 순간 모든 옷들이 우리의 선택을 기대하며 시선을 집중하는 듯 보입니다. 그러나 우리의 손이 가는 옷은 대부분 정해져 있습니다.

우리의 손이 가는 옷은 맵시가 있으면서도 색상이 멋있고 착용이 편한 옷입니다. 다른 옷들은 없어도 사는 데 불편하지 않을 것 같지만 그래도 혹시나 하는 마음에 그냥 걸어 둡니다.

세상은 하나의 커다란 옷장과 같습니다. 세상이란 옷장에는 수많은 사람들의 옷이 걸려 있습니다. 하나님은 매일 세상을 움직이면서 오늘은 어떤 옷을 입고 일하실지 생각하실 것입니다.

하나님의 손이 늘상 가는 사람 옷이 있는 반면에 옷장에 없어도 하나님께 전혀 불편함이 없지만 그래도 한두 번쯤 사용할까 싶어서 그냥 그대로 두는 사람 옷도 있을 것입니다.

　하나님께서는 어떤 기준으로 사람 옷을 선택하실까요? 하나님의 선택은 늘 우리의 의표를 찌르는 것이었습니다. 이 땅에 오실 때도 '떡집'이라는 의미를 지닌 작은 마을, 베들레헴으로 오셔서 자신을 '생명의 떡'이라고 소개하셨습니다.

　자라나신 곳은 '가지'(네쩨르)라는 의미인 나사렛이었습니다. 그곳은 유대인들이 거들떠보지도 않던 조그만 마을로, 주님의 제자인 나다나엘조차 "나사렛에서 무슨 선한 것이 날 수 있느냐"고 반문했던 곳입니다. 지금도 유대인들은 그리스도인들을 경멸하는 의미에서 '놋쭐'(나쯔랏)로 부르고 있습니다. 우리 주님의 선택은 그 멸시 천대의 대명사 '나사렛 예수'였습니다.

　하나님은 "세상의 천한 것과 멸시 받는 것"을 선택하셨다고 사도 바울은 말하고 있습니다. 이러한 하나님의 선택은 젖과 꿀이 흐르는 하나님의 땅, '가나안'의 뜻에서도 나타납니다.

　가나안은 '머리를 숙이다, 낮추다'라는 의미를 갖고 있습니다. 그래서 가나안은 보통 '낮은 땅'이란 말입니다. 가나안 땅의 대표적인 호수인 갈릴리는 해발 -212m이고 사해는 -400m로 지중해 해면보다 더 낮은 곳입니다.

　하나님은 이 땅을 선택하셨습니다. 이스라엘 백성들이 가나안 땅에서 살려면 그 땅의 이름처럼 하나님께 머리를 숙여야만 했습니다. 자신을 낮추고 낮은 마음으로 사는 사람만이 살 수 있는 곳이 가나안입니다.

하나님께서는 이스라엘이 자신을 낮추고 낮은 마음을 품었을 때에는 그들이 가나안 땅에서 풍요로움을 누리고 살 수 있게 하셨으나, 그들의 마음이 높아져서 하나님께 머리를 숙이지 않았을 때에는 가나안 땅에서 살지 못하게 하셨습니다.

하나님을 향해 마음이 낮은 사람만이 가나안을 차지할 수 있었듯이, 천국은 마음이 가난한 사람만이 차지하는 곳입니다. 낮은 마음을 가진 사람만이 가나안을 소유할 수 있었듯이, 이 땅에서 영육간에 풍성한 삶 역시 낮은 마음을 가진 사람이 누릴 수 있는 축복입니다.

사랑은 사랑하는 사람 앞에서 마음을 낮추고 무엇이든 주고 싶어 하는 마음을 갖게 합니다. 하나님을 사랑하는 사람은 하나님 앞에서 진심으로 머리를 숙입니다. 진실한 마음으로 자신을 낮춥니다.

"주 앞에서 낮추라 그리하면 주께서 너희를 높이시리라"(약 4:10).

실뭉치와 실마리

> 욥 12:13 "지혜와 권능이 하나님께 있고 계략과 명철도 그에게 속하였나니"

삶이 때로 실뭉치 같다고 느낄 때가 있습니다. 새로 산 실타래는 잘 풀려나가는데, 다시 감은 실뭉치는 엉킬 때가 많습니다. 내가 잘 감았다고 생각했지만 생각만큼 풀리지 않는 것을 경험합니다.

이처럼 실뭉치가 잘 풀릴 때가 있는가 하면 엉켜 있어 풀리지 않을 때가 있습니다. 그럴 때 얽힌 부분들을 자세히 살펴보면서 실 한 줄을 잡아당기면 얽히고 꼬인 실이 술술 풀리는 것을 볼 수 있습니다.

하나가 꼬이면 전체가 꼬이고, 하나가 풀리면 전체가 쉽게 풀립니다. 엉켜 있는 실뭉치 중에 잡아당겨야 할 엉킨 실의 첫 부분을 '실마리'라고 부릅니다. 그 실마리가 실타래 전체를 좌우합니다.

이러한 실마리는 우리 삶의 핵심인 본질과 같습니다. 신앙생활에서도 마찬가지입니다. 본질을 붙잡으면 전체가 풀립니다. 실마리가 풀린 것입니다. 신앙의 본질을 알면 어떻게 살아야 하는지 길이 보이지만, 본질을 놓치면 사방이 막혀 잘못된 실을 잡아당겨 더 엉키게 만들 수가 있습니다.

욥은 이러한 본질을 붙잡는 것을 '지혜'라고 말합니다. 또한 실뭉치처럼 엉킨 삶의 문제를 풀 수 있는 능력을 '계략과 명철'이라고 지적하면서 이 모든 것들이 하나님께 속했다고 말씀하고 있습니다.

욥의 친구들은 원래 욥을 위로하러 온 사람들이었지만 욥을 위로하기보다 욥과 다투었습니다. 그들은 자신들의 초등 수학을 가지고 욥의 고등 수학을 이기려 했습니다. 친구들이 아는 것이 초등 산수라면, 욥이 아는 것은 고등 수학이었습니다.

수학에는 분수도 있고 미분, 적분도 있습니다. 욥은 마이너스 개념으로 더하기, 빼기, 곱하기, 나누기를 하고 있는데 친구들은 양수밖에 모르면서 욥에게 음수는 없다고 주장하는 격입니다. 초등 수학으로는 고등 수학을 이해할 수 없기 때문입니다.

믿음으로 사는 사람도 재앙을 만납니다. 반대로 강도가 오히려 형통해 보일 수 있는 것이 현실세계에서 일어나는 일입니다. 하나님께서 지배하고 있는 세계임에도 불구하고 말입니다. 이런 현실을 초등 수학인 인과응보적 사고로는 이해할 수 없습니다. 평안한 가운데 있는 친구가 재난을 당한 욥을 경멸하고 있습니다. 그들은 미끄러지는 자는 밀쳐도 괜찮은 자로 보고 있습니다.

욥은 자신의 불행에 대한 친구들의 경멸적인 태도를 꾸짖고 있습니다. 친구들은 하나님이 통치하는 세계를 인과응보적인 산술법으로만 대입해서 설명하려 했던 것입니다.

하나님의 주권과 섭리는 새로운 시각으로 이해해야 합니다. 강도는 하나님이 내버려 둔 것이고 의인은 하나님이 사랑으로 연단하시는 것입니다. 지혜서에서 가르치는 신앙의 본질은 하나님을 경외하는 것입니다. 경외는 우리 삶의 모든 것을 주관하시는 분이 하나님이심을 인정하는 것입니다. 그리고 하나님 중심으로 사는 것을 말합니다.

하나님을 경외하는 사람은 항상 하나님의 뜻을 먼저 생각하고 그 뜻을 붙잡고 그 뜻이 이루어지기를 기도하는 사람입니다. 그래서 솔로몬은 "여호와를 경외하는 것은 생명의 샘이니 사망의 그물에서 벗어나게 하느니라"(잠 14:27)고 말씀합니다.

하나님의 절대 주권을 믿고 우리가 섬기는 하나님이 좋으신 분이라는 사실을 잊지 말아야 합니다. 하나님은 사랑하는 자에게 모든 것이 합력하여 선을 이루게 하십니다.

현재 얽힌 듯 보이는 실뭉치는 실마리를 잡고 슬며시 당기십시오. 이제 풀려나갈 것입니다. 주님이 그 실마리를 같이 쥐고 계시기 때문입니다.

처방전

잠 17:22 "마음의 즐거움은 양약이라도 심령의 근심은 뼈를 마르게 하느니라"

모든 약에는 부작용이 있습니다. stroke(뇌졸중)로 넘어졌던 사람을 간호하다 보니 약에 대해 관심이 많아지게 되고, 의사가 처방해 준 약일지라도 어떤 부작용이 있는지를 미리 찾아보고 조사해본 후에 복용시키게 되었습니다.

좋은 고혈압 약이지만 lisinopril(리시노프릴)이란 약은 사람에 따라서는 심한 기침을 일으키는 부작용이 올 수 있습니다. 그렇기에 의사의 처방전대로 약을 먹었어도 반드시 자신의 몸에 전에는 없던 이상한 반응이 있는지를 확인해봐야 합니다.

그런데 하나님의 처방은 부작용이 없습니다. 마음의 '즐거움'과 '평안함'은 절대 부작용이 없는 양약입니다. 마음이 평안하면 세상이 평안하고, 마음이 전쟁이면 세상이 전쟁입니다. 마음이 평안하면 신앙생활이 즐겁고, 마음이 전쟁이면 신앙생활이 천근만근 짐을 진 것같이 무겁습니다. 마음이 평안하면 만나는 사람을 다 이해할 수 있고, 마음이 전쟁이면 만나는 사람마다 다 짜증의 대상일 뿐입니다.

근심은 마음의 평안을 깨뜨립니다. 뼈를 마르게 합니다. 질투와 시기는 마음의 평안을 깨뜨리고 전쟁을 선포합니다. 분노는 마음의 평안을 무너뜨리고 마음의 전쟁을 가속시킵니다.

그런데 긍휼은 이러한 근심을 잠재우고 마음의 평안을 지켜줍니다. 자비와 양선은 질투와 시기를 차단하고 마음의 평안을 지켜줍니다. 충성은 분노를 그치게 하고 마음의 평안을 지켜줍니다.

성령을 사모하는 자에게는 이러한 긍휼과 자비와 양선과 충성의 열매가 마치 생약처럼 immune system(면역체계)으로 자리 잡습니다. 이것이 바로 마음의 즐거움이라는 하나님의 처방전입니다. 하나님의 처방은 건강과 행복을 약속합니다.

그리고 잠언을 통해 "모든 지킬 만한 것 중에 더욱 네 마음을 지키라 생명의 근원이 이에서 남이니라"(잠 4:23)고 처방 후 환자가 지키고 따라주어야 할 일을 주의사항으로 일러주십니다.

그러고는 마음 가운데 조그만 일상에서 할 일들을 넌지시 일러주십니다. 골목길에서 만나는 사람에게 상대방보다 먼저 한 번 고개 숙이고 인사하면서 마음의 즐거움을 지키라고 하십니다. 문득 친구가 생각날 때 빛바랜 수첩이나 휴대폰에 저장된 전화번호를 누르고 먼저 목소리를 들려주고 안부를 물으면서 마음의 즐거움을 지키라 하십니다.

무거운 짐을 들고 계단을 올라가는 분에게 다가가 잠시 짐을 들어드리며 마음의 즐거움을 지키라 하십니다. 때로는 바람소리, 새

소리를 들으며 하늘을 쳐다보는 여유를 잠시나마 가지며 마음의 즐거움을 지키라 하십니다.

　마음의 즐거움을 지키는 최고의 방법은 하나님의 말씀을 먹는 것입니다. 하나님의 말씀은 행복 엔도르핀을 만드는 최고의 처방입니다.

　하나님은 우리에게 건강과 행복이라는 완성품을 주시는 분이 아닙니다. 건강과 행복을 약속하는 처방전을 주시고 이를 먹고 매일 마음을 지키라고 하십니다. 순종은 우리 몫입니다.

　그래서 신명기 10장 13절에 이르십니다.

> "내가 오늘 네 행복을 위하여 네게 명하는 여호와의 명령과 규례를 지킬 것이 아니냐."

반전의 은혜

 시 55:16 "나는 하나님께 부르짖으리니 여호와께서 나를 구원하시리로다"

"마지막에 웃는 사람이 진정한 승리자이다"(One who gets the last laugh is the real winner)라는 말이 있습니다. 인생은 마지막까지 결코 끝난 게 끝난 것이 아니라는 말입니다. 따라서 인생이 끝나기 전에는 그 누구도 승리했다고 장담할 수 없고, 실패했다고 낙담할 필요도 없다는 말씀입니다. 언제든 결과는 바뀔 수 있다는 말씀입니다.

인생이 끝나지 않는 한, 능치 못하심이 없으신 하나님의 은혜를 받을 기회는 얼마든지 있습니다. 이것을 기념하고 기억하는 이스라엘의 절기가 바로 부림절입니다. 이날은 절체절명의 순간에 한 여인의 "죽으면 죽으리라"는 결연한 행동으로 이스라엘을 멸망에서 구출하고 회복시켜 승리를 주신 하나님을 찬양하는 날입니다.

이스라엘의 절기 가운데 부림절(Purim)은 우리 기독교에서는 크게 관심을 갖지 않는 절기입니다. 그러나 유대인들에게는 상당히 중요한 절기로 유월절과 초막절 다음으로 중요하게 지키는 3대 절기 중 하나로 기념하고 있습니다.

에스더서는 부림절의 배경을 알려주는 성경의 스토리입니다. 바벨론에 잡혀 온 이스라엘 백성이 바벨론을 멸망시킨 페르시아(바사)의 포로생활을 하고 있던 시대에 왕의 신임을 받던 하만이 이스라엘 민족을 몰살시키려는 계획을 세웠습니다.

전국에 흩어져 사는 이스라엘 민족을 완전히 몰살시키고, 에스더의 삼촌인 모르드개를 나무에 달아 죽이려고 높은 장대를 준비했습니다. 이러한 계획을 알게 된 모르드개는 왕후에 오른 에스더를 설득합니다. 여기에 "이때를 위함이 아니냐"는 의미심장한 구절이 등장합니다.

모든 유대인들에게 금식하며 부르짖도록 요청하고 왕에게 나아가 간언하는 에스더는 군급했던 다윗의 모습을 마음에 두었을 것입니다. "나는 하나님께 부르짖으리니 여호와께서 나를 구원하시리로다"(시 55:16)의 모습입니다.

하나님의 오묘한 섭리 가운데 모르드개를 죽이려고 세운 높은 장대에 하만이 달려 죽게 되고, 모르드개와 이스라엘 백성은 마지막 순간에 회복시키시는 하나님의 은혜를 경험하게 됩니다. 이러한 인생역전을 기억하는 날이 부림절입니다.

생명이 있는 한 끝이 아닙니다. 끝난 것이 아니기에 낙심하지 말아야 합니다. 상황을 반전시키고 회복시키시는 하나님의 은혜는 넉넉합니다. 아직 기회는 남아 있습니다.

응답하시는 하나님께 부르짖읍시다. 반전의 기회가 우리에게 있습니다. 반전을 불러온 모르드개와 에스더의 부르짖음은 아직 귀에 울려 퍼지는 우리 모두의 부르짖음입니다.

"이때를 위함이 아니냐!"
"죽으면 죽으리라!"

너는 여기까지

신 34:4 "내가 네 눈으로 보게 하였거니와 너는 그리로 건너가지 못하리라"

이스라엘은 작은 나라입니다. 북단의 단에서부터 남단의 브엘세바까지 150마일 정도밖에 되지 않습니다. 모세는 그 전체를 느보산에서 내려다보았습니다. 자기가 가고 싶었던 가나안 땅입니다.

그때 모세는 120세로 아직 눈이 흐리지 않았고 기력이 쇠하지 않았습니다. 일찍이 조상들이 자리 잡았던 땅을 바라보는 모세의 감회는 남달랐을 것입니다.

40여 년 동안 그토록 가고 싶었던 조상들의 땅, 가나안을 코앞에 두고 "너는 여기까지"라고 말씀하시는 하나님의 음성을 들었을 때 그의 심정은 어땠을까요?

좋은 것을 보여주며 갖지 말라고 하거나, 맛있는 것을 보여주며 먹지 말라고 하거나, 멋진 곳을 보여 주며 가지 말라고 하는 것은 안타깝기 짝이 없고 잔인하기까지 한 일입니다.

광야에서 하루 이틀도 아니고, 한 가지 음식을 40년을 먹기란

고역이었을 것입니다.

하나님이 모세를 훈련하신 방법은 절제였습니다. 애굽의 궁중에서 자랐던 청년 모세는 좋은 곳이지만 궁중에서 떠나야 했습니다. 40세 때 그는 궁중에서 나왔습니다.

성경은 그것을 믿음이라 정의합니다.

> "믿음으로 모세는 장성하여 바로의 공주의 아들이라 칭함 받기를 거절하고"(히 11:24).

좋은 곳 궁중이지만 그곳에서 살지 않았습니다. 하나님께서 그런 모세를 크게 들어 사용하셨습니다.

절제만큼 힘든 믿음의 행위가 있을까요? 그 어려운 절제 훈련을 거쳤기에 그에 대해서 "온유함이 지면의 모든 사람보다 더하더라"(민 12:3)고 말씀하고 있습니다. 절제와 온유는 떼려야 뗄 수 없는 덕목이어서, 성질 급한 바울 사도는 온유와 절제를 성령의 열매 중 마지막에 열거합니다. 아마 본인에게도 맺기 쉽지 않은 열매였던 것입니다.

하나님은 모세에게 젖과 꿀이 흐르는 땅을 보게 하셨습니다. 모세가 본 것이 아니라 하나님이 보게 하셨습니다. 그리고 "보기만 하고 들어가지 말라"고 하셨습니다. 모세는 말씀에 순종하여 아무것도 없는 곳에서 조용히 생을 마감합니다.

우리 주님의 삶도 절제로 시작하셨습니다. 가장 좋은 곳이지만 그곳에서 살지 않고 그곳을 버린 분이 우리 주님이십니다. 영화롭고 찬란한 천국을 떠나 이 땅에 오셔서 머리 둘 곳이 없이 사신 분이 예수님이십니다.

  그래서 우리 주님은 수고하고 무거운 짐진 자들을 초청하시면서 "내 마음이 온유하다"고 하십니다. 절제로 삶을 시작하셨기에 더욱 그러하십니다. 가고 싶은 곳에 다 가고 하고 싶은 것을 다 하는 우리, 말하고 싶은 것을 참지 않고 다 쏟아내는 우리…참 부끄럽습니다. 그 조그만 것을 참지 못하고 마치 다 쏟아내 놓는 것이 오히려 솔직하고 정직한 모습인 양 자랑한 것이 부끄럽습니다.

  오, 주여
우리 입술에 파수꾼을 세우소서.
우리 앞에 신호등을 세우소서.

  그리고 말씀하소서.
너는 여기까지!

  절제를 배우게 하소서.
이 아침의 기도입니다.

사랑의 색깔

 "하나님은 사랑이시라"

사랑을 색깔로 그린다면 어떤 색일까요? 젊은 연인들의 사랑은 핑크빛으로 그리는 경우가 많습니다. 하나님의 사랑을 그린다면 어떤 색으로 그릴 수 있을까요? 다양한 색깔로 그려지지 않을까요?

하나님의 색깔은 변화가 없는 흰색인데, 우리의 상태에 따라 우리가 변색을 시키는지 모릅니다. 즐겁고 행복했던 시기는 밝고 따뜻한 색이고, 힘들었던 시기는 아무래도 어둡고 칙칙한 색일지 모릅니다.

그 색깔은 실제 우리 인생의 색깔입니다. 하나님의 색깔은 변함없이 일정한데, 우리의 느낌과 상태에 따라 카멜레온처럼 변색을 하는 것일지 모릅니다.

우리의 인생을 단순히 어떤 색깔로만 그리려는 것도 맞는 생각은 아닙니다. 왜냐하면 우리 인간은 춥고 배고프고 어려운 역경 속에서 오히려 더 깊이 하나님과 관계를 이루며, 아름다운 삶과 문화를 만들어 왔기 때문입니다.

사도 요한은 "하나님이 우리를 사랑하시는 사랑을 우리가 알고 믿었노니 하나님은 사랑이시라 사랑 안에 거하는 자는 하나님 안에 거하고 하나님도 그의 안에 거하시느니라"라고 말씀합니다.

요한은 사랑을 색깔로 그리려는 시도를 하지 않고 하나님의 사랑 자체가 색깔이라고 은유적으로 말합니다. 우리가 그 안에 거할 때, 그 색깔이 우리를 통하여 나타내신 바 된다고 합니다.

이러한 사랑의 색깔은 어떻게 나타날까요? 마음에 다가오는 것은 '살리는 색깔'과 '회복하는 색깔'의 조합인 이중 톤(tone)입니다. 요즘은 아무래도 색깔의 톤을 중요시하는 시대이기에 더욱 그렇게 다가옵니다. 사랑은 영혼을 살립니다. 사랑은 우리를 새롭게 합니다. 사랑이 없으면 세상은 메마르고 생명력을 잃어갑니다. 사랑은 우리의 눈을 뜨게 하며, 포기하고 싶은 순간에도 다시 시작하게 합니다.

그래서 사랑은 '살리는 색깔'이요, '회복하는 색깔'입니다. 살리는 것이나 회복시켜 주는 것은 비슷한 말이지만 그 톤이 다릅니다. 살리는 것은 본질적인 것이고, 회복시키는 것은 다시 본래의 자리에 돌려놓는 것을 의미합니다.

부유하지만 메마른 삶에 지쳐 있던 삭개오는 자신을 만나주시는 예수님의 사랑으로 변화되어 자신도 사랑을 줄 수 있는 존재임을 깨닫고는, 그동안 그토록 의지하고 붙잡았던 재물을 기꺼이 이웃을 위하여 나눌 수 있었습니다.

아버지의 집을 떠나 그 재산을 모두 탕진하고 돌아온 아들이 다시 시작할 수 있었던 것은 바로 아버지의 사랑 때문이었습니다.

자신을 믿고 사랑해 주는 분이 있다면 우리는 어떤 절망에서도 다시 시작할 수 있습니다.

실망과 좌절의 바닷가에 있던 베드로를 주님이 찾아오셨습니다. 사랑은 내 계획이 실패하고 삶이 무너질 때 지치고 힘든 내 앞에 따스한 밥상을 차려 놓는 것과 같습니다. 그래서 다시 회복의 눈물과 웃음을 주고, 깨지고 상실한 마음을 회복시켜 줍니다. 끊어진 관계를 다시 회복시킵니다.

이 아침에 머리를 짜내며 이런 사랑의 이중 색깔인 '살리는 색'과 '회복의 색'을 그려보기 원합니다. 아마 크레파스에 담겨 있는 어떤 색깔을 써서도 다 그리지 못할지 모릅니다.

크레용으로 다 그릴 수 없다면
우리의 삶으로 그리고 싶습니다.
주님, 감사합니다.

부탁해요

> 시 31:5 "내가 나의 영을 주의 손에 부탁하나이다 진리의 하나님 여호와여 나를 속량하셨나이다"

TV쇼를 진행하는 사회자들이 초대한 출연자들을 소개하면서 다음 순서를 진행할 때, 오래전에 단골 진행자였던 이덕화 씨는 "부탁해요"라는 멘트를 써서 한동안 그 말이 패러디되어 유행한 적이 있습니다. "부탁해요"라는 말은 쇼 프로그램의 다음 무대를 다음 출연자에게 '맡긴다'는 의미입니다.

목욕탕에 가면 꼭 볼 수 있던 '안내광고'가 있습니다. "귀중품은 맡기십시오. 맡기지 않은 물건은 책임지지 않습니다, 주인백." 여기서 맡긴다는 말은 나중에 '찾을 수 있다'는 의미를 내포하고 있는 말입니다. 이처럼 '맡긴다'라는 말과 '부탁한다'는 말은 같은 표현으로 통용되고 있습니다.

시편 기자가 '영을 맡긴다'고 쓴 표현을 주님은 십자가상에서 사용하시면서 영혼을 아버지께 부탁하셨습니다(눅 23:46). 맡기는 것과 부탁하는 말씀을 같은 의미로 쓰신 것입니다.

죽음으로 일제의 신사참배에 저항했던 주기철 목사님의 순교 전 마지막 설교의 끝부분에도 영혼을 '부탁하는' 내용이 있습니다.

오 주님 예수여!
내 영혼을 주님께 부탁하나이다.
십자가를 붙잡고 쓰러질 때,
내 영혼을 받으시옵소서.

혹여 옥중에서나 사형장에서나
내 목숨 끊어질 때 내 영혼을 받으시옵소서.
아버지의 집은 나의 집,
아버지의 나라가 나의 고향이로소이다.

더러운 땅을 밟던 내 발을 씻어서
나로 하여금 하늘나라 황금길을 걷게 하시옵고
죄악 세상에서 부대끼던 나를 깨끗게 하사
영광의 존전에 서게 하옵소서.

내 영혼을 주님께 부탁하나이다.
이 터질 것 같은 벅찬 기쁨을 주신
주님께 모두 감사의 박수로 영광 돌립시다!

탄줴잉이 쓴 《살아 있는 동안 꼭 해야 할 49가지》란 책이 있습니다. 살아 있는 동안 우리가 해야 할 일을 버킷 리스트(bucket list)로 소개합니다. 소중한 친구 만들기, 부모님 발 닦아 드리기, 고향 찾아가기, 지금 행복하다고 외쳐보기, 돈에 대해 진지하게 생각하기, 잊지 못할 쇼 연출하기, 세상을 위한 선물 준비하기 등의 49가지입니다.

이 글을 대하면서 아쉬운 점이 있었습니다. 사람의 삶이 여기가 끝이 아님을 믿는다면 우리가 반드시 해야 할 한 가지는 분명합니다. 영원을 준비하는 것입니다. 이 땅에 살면서 우리의 영혼을 아버지께 맡길 수 있도록 준비하는 것입니다. 분명히 다시 찾을 수 있기에 부탁하며 맡기는 것입니다.

우리가 생의 마지막에 할 수 있는 말이 예수님과 같이, 주기철 목사님같이 "아버지여, 내 영혼을 부탁합니다!"라면, 그렇게 맡기며 그것이 벅찬 감동으로 다가온다면 후회 없는 삶이 될 수 있습니다.

이러한 준비가 우리가 살아 있는 동안에 꼭 해야 할 버킷 리스트입니다. 이 일은 내일로 미룰 수 있는 일이 아닙니다. 지금 해야 합니다. 내일은 우리의 시간이 아닐지 모릅니다.

오, 주여
이 땅에서 마지막 말이
"아바 아버지, 내 영혼을 부탁해요!"라고
고백할 수 있게 하소서.

"흙은 여전히 땅으로 돌아가고 영은 그것을 주신 하나님께로 돌아가기 전에 기억하라"(전 12:7).

꿈의 대화

다윗의 영혼을 밝게 비추는 것은 하나님의 말씀입니다. 말씀을 통해 창조주이시자 구속자이신 하나님과 친밀한 조우를 합니다. 꿈의 대화입니다. 꿈의 대화는 영감(inspiration)을 통해 옵니다. 그리고 이러한 영감은 사모함으로 비롯됩니다.

파격

요 8:7 "너희 중에 죄 없는 자가 먼저 돌로 치라"

    오랫동안 굳어져 전해 온 관례나 관습 또는 일정한 격식을 벗어나 과감히 무너뜨리는 것을 '파격'이라고 합니다. '파격'은 '돌을 깨뜨리듯 격식을 깨뜨린다'는 의미를 지니고 있습니다.
    세종대왕은 기녀 소생이며 동래현의 관노였던 장영실의 뛰어난 기술과 재능을 인정하여 조정 대신들의 반대에도 불구하고 관리로 중용했습니다. 노비의 신분으로는 당시에 상상도 할 수 없는 파격적 인사였습니다.
    장영실은 세종의 명에 따라 천문 기구 제작 프로젝트에 참여하게 됩니다. 그리고 수력에 의한 자동 물시계인 자격루와 옥루를 만듭니다. 또한 해시계 등을 만들어 대단한 업적을 남깁니다.
    세종 16년에는 금속활자인 갑인자의 주조에 참여합니다. 갑인자는 약 20여 만 자에 달했으며 하루에 40여 장을 찍을 수 있는 인쇄기술이 조선에서 시작된 것입니다. 장영실을 기용한 세종대왕의 파격이 가져온 업적입니다.

예수 복음이 지난 2000년간 수많은 사람들의 인생을 변화시킨 이유를 구태여 한마디로 찾는다면 '파격'에 있습니다. 예수님의 복음은 파격, 그 자체였습니다. 예수님의 가르침은 당시의 관행, 즉 바리새인이나 서기관들이 전하던 율법의 해석을 깨뜨리는 파격으로 '권세 있는 새 교훈'이었습니다. 산상수훈은 대표적인 율법의 파격적 재해석이었습니다.

예수님의 파격적 행보는 당시 죄인의 대표라 할 수 있는 '세리와 창기'들과 자리를 같이하고 식사도 함께하는 것으로도 나타났습니다. 예수님의 이러한 행보는 당시 종교지도자들로서는 이해할 수 없는 파격이었습니다.

또한 안식일에 병자를 고치고 밀밭을 지나가시며 제자들이 밀을 까먹자 안식일을 '거룩히 지키지 않는다'는 지적을 받습니다. 그러자 "인자는 안식일의 주인"이라고 말씀하십니다. 파격의 또 다른 모습입니다.

음행을 하다 현장에서 붙들린 여인을 예수님께 끌고 옵니다. 돌로 쳐 죽이는 끔찍한 형벌을 당연시했던 시대였습니다. 현장에 잡혀온 사람은 여인뿐이었습니다. 분명 파트너가 있었겠지만 남자는 보이지 않았습니다.

땅에다 무언가 쓰시던 예수님이 조용히 입을 여십니다. "너희 중에 죄 없는 자가 먼저 돌로 치라." 그들의 의중을 꿰뚫어 보시던 예수님의 파격입니다. "너희 중에 죄 없는 자"가 먼저 관행대로 하라고 그들의 허를 찌르고 계십니다.

때로 파격은 성경에 있는 하나님의 말씀을 그대로 순종하고 행하는 것에서 옵니다. 기록된 하나님의 말씀을 인정하지만 그대로 실행하지 못하는 사람이 말씀을 그대로 행하는 사람을 보면 충격으로 다가오는 수가 있습니다. 파격입니다.

주님은 이러한 파격을 "율법을 폐하려는 것이 아니라 완전케 하려는 것"이라 말씀하십니다. 하나님의 뜻을 온전히 이루게 하려는 사람은 세상이 볼 때 파격입니다.

이러한 믿음을 소유한 사람을 성경은 '세상이 감당치 못하는 사람'(히 11:38)이라고 말씀합니다. "병든 자에게 손을 얹고 기도하는 것"이 그대로 행하지 못하는 사람들에게는 파격입니다.

"다른 방언으로 말하며"를 그대로 순종하여 방언을 하는 사람을 그렇지 않은 사람이 볼 때 파격입니다. '어떻게'라고 묻는 사람에게 '그냥'이라고 대답하며 순종하는 파격입니다.

우리의 삶에 수없이 깨뜨리고 뛰어넘어야 할 오래된 타성이 있습니다. 종교의 영입니다. 파해야 할 사탄의 전략입니다.

오, 주여
오늘도 우리의 삶에
파격이 이루어지도록 하소서.
복음 자체가 파격임을 알게 하소서.
이 아침의 기도입니다.

거짓말

요 8:44 "거짓을 말할 때마다 제 것으로 말하나니 이는 그가 거짓말쟁이요 거짓의 아비가 되었음이라"

어떤 사람이 자동차를 몰고 가다가 경찰에게 걸렸습니다. 경찰이 "과속입니다"라고 했더니, 운전하던 사람이 자기도 모르게 "술 한 잔을 했더니 정신이 없었습니다"라고 말했습니다. 경찰은 "음주운전을 추가합니다"라고 말합니다.

옆에 있던 아내가 자기도 모르게 "이 사람 무면허라 맨 정신에는 겁이 나서 운전을 못해요"라고 말했습니다. 듣고 있던 경찰이 "무면허 운전을 추가합니다"고 말합니다. 그랬더니 뒤에 앉아 있던 장모가 무심코 말합니다. "그것 봐라. 자동차를 훔쳐 타더니 오래 못 가지 않니." 이 말을 들은 경찰이 수갑을 꺼내며 "자동차를 훔친 혐의로 체포합니다"라고 말합니다.

조금 과장된 이야기이지만 우리 속에 감추어진 거짓의 죄는 드러나게 되어 있음을 알려 줍니다. 거짓은 거짓을 낳고, 이를 덮기 위해 또 다른 거짓을 말하거나, 다른 것을 폭로함으로 전에 했던 죄를 덮으려고 하는 사람의 심리를 보여주는 스토리입니다.

그래서 마틴 루터는 말합니다. "한 가지의 거짓말을 참말처럼 하기 위해서는 항상 일곱 가지의 거짓말을 필요로 한다." 우리 주님은 이것을 "거짓을 말할 때마다 제 것으로 말한다"고 지적하십니다. 우리 안에 끊임없이 거짓의 영을 넣어주려 호시탐탐 노리는 사탄의 궤계를 폭로하고 계십니다.

여러 가지 다른 상황에서 사람들이 무심코 하는 거짓말을 색깔에 비유해서 설명한 것이 있습니다. 하얀 거짓말(white lie)은 상대방에게 해를 끼치려는 의도가 없는 악의 없는 거짓말을 말합니다. 새카만 거짓말(black lie)은 자기의 죄를 은폐하기 위한 나쁜 거짓말을 말합니다.

이에 반해 핑크빛 거짓말(pink lie)은 연인 간에 나누는 거짓말로 "오늘은 더 예뻐 보인다"고 하는 거짓말을 말합니다. 무지갯빛 거짓말(rainbow lie)은 상대방의 흥미와 호기심을 유발시키기 위한 비현실적 거짓말을 의미합니다. 새빨간 거짓말(bird red lie)은 거짓을 사실로 인정시키기 위해 하는 뻔한 거짓말을 말합니다. 노란 거짓말(yellow lie)은 아이들이 무서운 것을 피하려고 하는 거짓말을 말합니다. 예를 들면 주사 맞기 싫어서 하는 거짓말을 말합니다.

사람들이 거짓말을 하는 이유는 대개 자신들이 처한 냉엄하고 혹독한 '현실'에서 도망치고 싶은 욕구 때문입니다. 자신이 만든 환상의 세계로 도망가고 싶어 하는 망상일 경우가 있습니다.

거짓말을 하는 또 다른 이유는 낮은 자존감입니다. 자신의 연약함을 감추기 위해 거짓말을 합니다.

그런데 이유가 무엇이든 분명한 것은, 우리가 거짓말을 할 때 어떤 식으로든 우리는 피해자이며 동시에 가해자가 된다는 사실입니다. 거짓말은 우리의 모든 관계를 엉망으로 만들고 마음의 평화를 빼앗습니다. 결국 위험한 악순환을 불러옵니다. '거짓의 영'의 노림수입니다. "마귀는 처음부터 범죄함이라"(요일 3:8)고 성경은 말씀합니다. 스스로 속은 자입니다.

스스로 속은 자가 우리를 꾀어 '속이는 자'로 만들려고 사로잡습니다. 이러한 노림수에서 벗어나야 합니다. 거짓의 영은 바로 스스로 속은 자로부터 오기 때문입니다. 그래서 사도 요한은 "행함과 진실함으로 (사랑)하자"(요일 3:18)라고 권면합니다.

오, 주여
이 아침에
우리 안에 있는 거짓의 영을 봅니다.
예수의 이름으로 물리치게 하소서.
오직 행함과 진실함으로
사랑하게 하소서.

의리

> **삼하 9:1** "다윗이 이르되 사울의 집에 아직도 남은 사람이 있느냐 내가 요나단으로 말미암아 그 사람에게 은총을 베풀리라 하니라"

    신앙의 요소 가운데 한 가지 중요하게 작용하는 것이 있습니다. 바로 '의리'입니다. 하나님과의 의리, 사람과의 의리가 그 사람이 얼마나 충성된 사람인가를 알려 줍니다. 의리는 충성을 낳고 충성됨은 신앙을 가늠하는 잣대가 됩니다.

    구약을 보면 의리의 예증을 보여준 두 인물이 있습니다. 바로 다윗과 요나단입니다. 다윗과 요나단의 의리는 성경에서 믿음의 사람들이 어떻게 서로 간에 의리를 지켜나가야 하는지를 보여줍니다.

    요나단은 아버지 사울이 다윗을 살해하고자 하는 계획을 알고 위험을 무릅쓰고 처남인 다윗을 보호합니다. 그런 요나단의 의리를 알았던 다윗은 왕이 된 이후에 잊지 않았고, 그 후손 요나단의 아들 므비보셋을 찾아냅니다.

    므비보셋의 본명은 므립바알(대상 9:40)이었습니다. 이 이름은 '바알과 대적하는 용사'라는 의미입니다. 이름에서 의미하는 바와 같이 그는 다름 아닌 우상숭배를 대적해서 싸우는 영적 용사의 소망을 가지고 태어났습니다.

그러나 다섯 살 되던 해에 이스라엘의 왕이었던 할아버지 사울과 아버지 요나단이 블레셋 군대에게 크게 패퇴하여 전사했다는 끔찍한 소식이 전해집니다. 왕궁에 남아 있던 모든 신하와 하인들은 두려움 속에서 도망칩니다. 므비보셋을 돌보던 유모는 그를 업고 급히 달려가다가 넘어져서 아이의 발목이 부러지는 사고가 났습니다.

양쪽 발목이 다 부러졌지만 피난처에서 제대로 치료하지 못해 평생을 제대로 걷지 못하는 불구자가 되어 로드발이라는 마을에 숨어 살아야 했습니다.

전사였던 므립바알의 이름이 므비보셋, 즉 '부끄러움'이라는 의미의 이름으로 바뀐 것도 이때였습니다. 왕자에서 하루아침에 불구의 고아가 된 므비보셋의 삶이 어떠했을지 성경은 기록하고 있지 않습니다. 그러나 그가 처한 상황을 통해 므비보셋이 정상적이지 못하고 세상을 원망하며, 영적으로나 육적으로도 불구의 삶을 어렵게 살아야만 했음을 짐작할 수 있습니다.

다윗은 므비보셋을 데려오기 위해 사람을 보냅니다. 그리하여 므비보셋은 다윗 왕 앞에 서게 되었습니다. 그는 다윗 앞에 선 자신의 처지를 "죽은 개 같은 나를 돌아보시나이까" 하고 두려움 가운데 고백합니다.

고개를 들지 못하고 절하고 있는 므비보셋을 향해 다윗은 "무서

의리
237

워하지 말라…네게 은총을 베풀리라 내가 네 할아버지 사울의 밭을 다 네게 도로 주겠고, 또 너는 항상 내 상에서 떡을 먹을지니라" 하고 말합니다.

다윗은 므비보셋을 왕자 중 하나처럼 존귀하게 대하였습니다. 다윗은 요나단과의 의리를 이렇게 지킵니다. Memorial Day(메모리얼 데이)의 전통을 보면 이러한 성경적 배경이 있습니다.

"사울의 집에 아직도 남은 사람이 있느냐 내가 요나단으로 말미암아 그 사람에게 은총을 베풀리라."

국가를 위해 목숨을 바친 영웅들을 추모하고, 그들의 가족을 찾아 그들에게 평생 동안 일정한 혜택의 연금을 지급하도록 하는 법을 제정하고 있습니다. 국가가 지키는 의리입니다.

메모리얼 데이는 '의리'라는 덕목을 깊이 묵상하는 날입니다.

오, 주여
의리의 소중함을 알게 하소서.
주님이 지키신 의리를 우리도
배우고 따르게 하소서!

성령의 비

요 14:16-17 "그가 또 다른 보혜사를 너희에게 주사 영원토록 너희와 함께 있게 하리니 그는 진리의 영이라"

몇 년 전까지만 해도 미세먼지라는 용어가 우리에게 익숙한 단어가 아니었습니다. 그저 '매연'이란 단어로 공해를 표현했습니다. 중국의 북경이나 멕시코 시티 등 남미 도시를 가면 하늘이 뿌옇고 눈과 코가 따끔거려 매연이 심한 것을 느낄 정도였습니다.

그러나 이제는 한국에 가면 엄청난 미세먼지로 십여 미터 앞을 볼 수 없을 정도라고 합니다. 스마트폰에 뜨는 일기예보에도 'air quality'(공기 상태)가 함께 등장할 정도가 되었습니다.

서울에 여행 갔던 내내 미세먼지 농도가 높아 뿌옇게 보이는 도시의 건물들을 보다 보니 마음도 답답해져 모처럼의 고국방문에 다시 가고 싶은 마음이 안 들더라는 어느 지인의 전언도 들었습니다.

세상에는 도시의 건물들을 흐릿하게 보이게 하는 미세먼지만 있는 것이 아닙니다. 그리스도인의 영적 눈을 제대로 볼 수 없게 만드는 악한 미세먼지 농도 역시 가득합니다. 세상에 짙게 깔린 악한 미세먼지 농도는 우리의 마음을 답답하게 만들고 있습니다.

하늘에서 내리는 비가 미세먼지를 사라지게 만들듯이, 하늘에서 내리는 성령의 비가 내리면 농도가 짙은 악한 미세먼지를 사라지게 만들 수 있습니다. 성령의 비가 내리면 하나님의 나라를 보다 멀리 볼 수 있게 됩니다. 성령의 비가 내리면 우리의 삶 가운데 역사하시는 하나님의 손길을 보다 선명하게 볼 수 있게 됩니다.

미세먼지와 함께 요즘 세간을 달구고 있는 화두 중 하나가 5G입니다. 1G에서 4G가 된 것이 불과 몇 년 전인데 벌써 5G가 되었다는 것입니다. G는 물론 'Generation'(세대)의 약자입니다.

5G시대가 되어서 우리가 지금까지 쓰고 있는 4G보다 인터넷의 속도가 20배나 더 빨라진다고 합니다. 용량도 엄청나게 커져서 비교가 안 된답니다. 5G가 이 정도라니 10G가 되는 날에는 어떻게 될까요?

세상을 다 알고 사는 사람은 없습니다. 그러기에 나이에 상관없이 늘 배우는 자세로 사는 것이 필요합니다. 새로 산 스마트폰에 익숙해지기 위해서는 배우는 시간이 필요합니다.

새로운 사람과 친숙해지는 데에도 서로 모르는 것이 많기에 시간이 필요합니다. 하나님에 대해서도 우리는 모르는 것이 너무 많습니다. 이성의 한계를 가진 인간이 무한하신 하나님을 안다는 것 자체가 한계성을 이미 내포하고 있습니다.

그런 사실을 너무나 잘 아시는 하나님께서는 자신을 좀 더 많이 알려주시기 위해 또 다른 보혜사 성령을 보내주셨습니다. 성령의 비가 내리면 더 많이 더 빨리 더 멀리, 그리고 더 가깝게 하나님의 나라를 볼 수 있습니다.

성령은 우리의 영적인 선생님이십니다. 하나님과 영적인 것에 대해서 우리가 알지 못하는 것을 가르쳐 주시는 분입니다. 다만 우리가 겸손히 성령을 의뢰할 때 그분은 비로소 우리의 좋은 선생님이 되십니다.

성령은 우리의 영적인 안내자이십니다. 갈 바를 알지 못하고 고민할 때 우리를 진리 가운데로 인도하십니다. 그런 면에서 성령은 캄캄한 밤중의 한 줄기 빛과 같은 안내자이십니다. 다만 우리가 겸손히 성령을 신뢰할 때 비로소 우리의 좋은 안내자가 되십니다.

성령은 우리의 영적인 위로자이십니다. 세상의 파도에 찢겨진 마음의 상처를 치료해 주시며 회복시켜 주십니다. 다만 우리가 겸손히 의지할 때 비로소 우리의 좋은 위로자가 되십니다.

성령은 우리가 겸손히 그분을 초대하고 신뢰하고 의지하기를 기다리십니다. 성령의 비가 내립니다. 여름을 재촉하는 소나기처럼 쏟아집니다. 우리를 흠뻑 적셔주시기 위해 내립니다.

성령의 비여
우리 가운데 오셔서
우리의 어두운 눈을 밝혀 주시고
갈 길을 밝히 보여 주옵소서.
Have Your way in us!

움켜쥔 손을 펴라

 신 15:11 "내가 네게 명령하여 이르노니 너는 반드시 네 땅 안에 네 형제 중 곤란한 자와 궁핍한 자에게 네 손을 펼지니라"

프랑스의 어느 조그만 시골 마을에 마을 발전을 위한 주민총회가 열렸습니다. 좋은 의견들이 많이 나왔는데, 그중 결정된 사항은 집에 두 대 이상의 마차를 가지고 있는 주민은 한 대씩 마을을 위해 기부하자는 것이었습니다.

그리고 기부된 말과 마차를 보관할 창고가 있어야 하니까 헛간을 둘 이상 가진 사람은 그중 하나를 마을에 내놓자는 제안이 나왔고, 이 두 제안이 모두의 찬성으로 통과되었습니다.

그때 마을에서 가장 가난한 주민이 머뭇거리며 부끄러운 모습으로 일어나 제안을 했습니다. "저는 마을을 위해 바칠 거라고는 닭 두 마리가 있을 뿐인데, 그중 한 마리를 내놓아 마을 발전에 조금이나마 보탬이 되고 싶습니다. 그래서 닭 두 마리 이상 있는 주민들이 한 마리씩 내놓기로 하면 어떨까요?"

이 제안이 새롭게 표결에 붙여졌습니다. 하지만 처음 두 제안에 대해서 찬성했던 모든 사람들이 닭 두 마리 이상 가진 사람은 한 마리씩 기부하자는 제안에 대해 반대하였고, 그 제안은 부결되었습니다.

그 이유가 무엇인지 알아보니, 그 마을 주민들 중에 말이나 마차를 내놓아야 할 만큼 많이 가진 사람은 몇 안 되지만, 닭은 누구나 한 마리 이상은 다 갖고 있었기 때문이었습니다. 자기 자신에게 직접적인 불편이나 손해가 오게 되면 설사 그것이 전체적으로 도움이 된다 할지라도 동참하지 않는 것이 나눔에 대한 불편한 진실임을 보여준 사건이었습니다.

'하나님의 땅에 거하는 자는 먼저 마음을 열어야 한다. 그래야 손을 펼칠 수 있다'고 신명기 15장을 통해 말씀하십니다. 요즘 말로 바꾸어 말하면 먼저 미션 마인드를 가져야 실제적인 미션을 할 수 있게 된다는 것입니다.

하나님께서 지정하신 땅에 사는 하나님의 백성들을 향하신 그분의 꿈은 모든 백성이 미션 마인드를 가지고 사는 것에 있습니다. 늘 이웃의 어려움에 동참하여 마음을 열고 손을 펼치는 데 있습니다.

나누는 삶을 하나님의 나라 안에 삶의 양식으로 만드는 것이 하나님의 꿈입니다. 나눔을 삶의 패턴으로 만들라고 하십니다. 나눔을 과시하거나 자랑하지 말고 의무로나 강제로나 체면치레로도 하지 말라는 것입니다.

그냥 삶의 방식으로, 당연한 것으로 만들라고 하십니다. 은혜와 축복을 받는 핵심 비결 중 하나가 우리의 '움켜쥔 손을 펴는 것'이라는 것입니다. 우리가 어려운 자를 살필 때 하나님께서는 우리가 어려울 때 살펴주신다는 약속입니다. "너희가 나그네 되었을 때를 기억"하라고 하십니다.

오늘은 양희은 씨의 노래 중에 '네 꿈을 펼쳐라'라는 곡을 듣고 싶습니다. 우리가 펼쳐야 하는 그 꿈은 바로 하나님의 꿈입니다. 그 꿈을 우리 삶에 마음껏 펼칠 것을 노래로 흥얼거리고 싶습니다.

> 네 꿈을 펼쳐라 네 꿈을 펼쳐라
> 파란하늘 가득 고운 꿈을 싣고 날아라
> 랄라랄라랄라라라
> 랄라랄라랄라라라
>
> 네 맘을 열어라 네 맘을 열어라
> 작은 우리 사랑 모든 아픔 어루만지리
> 네 꿈을 펼쳐라 네 꿈을 펼쳐라

묵상: Be there(그곳, 그 상황, 그 감동)의 경험

 "내가 나의 침상에서 주를 기억하며 새벽에 주의 말씀을 작은 소리로 읊조릴 때에"

제가 가장 좋아하는 찬양 가운데 하나가 소리엘이 1990년 CBS 복음성가 경연대회에서 발표해 은상을 받은 바 있던 '하나님이시여'입니다. 시편 63편에 곡을 붙인 찬양인데, 따라 부르면서 이 곡은 이미 오래전부터 제 마음속에 주에 대한 사랑의 고백이 되었습니다.

하나님이시여 하나님이시여
주는 나의 하나님이시로다
나의 몸과 마음 주를 갈망하며
이제 내가 주께 고백하는 말

여호와는 나의 힘이요
여호와는 나의 구원이시니

내가 누구를 두려워하리요

여호와는 생명의 피난처시니

주의 인자가 생명보다 나으므로

내 입술이 여호와를 찬양하리

내 평생에 주를 찬양하며

주의 이름으로 내 손 들리라

그 후 부흥회를 인도할 때마다 이 찬양을 같이 부르며 기도와 말씀 가운데 몰입했던 기억이 아직도 생생하게 남아 있습니다.

묵상은 'Be there!'의 경험입니다. 성령님의 감동으로 하나님의 말씀을 기록한 그 당시의 상황으로, 그리고 당시 그 말씀을 기록한 저자의 마음으로 들어가서 '그곳, 그 상황, 그 감동'을 체험하는 것이 묵상입니다.

그 감동을 가지고 현재 우리가 처한 상황으로 돌아와 느끼고 배운 것을 그대로 삶의 정황에 적용시켜 묵상과 삶이 이어지게 하는 것으로 묵상의 시간여행이 끝이 납니다.

독일 신학자들은 이러한 말씀이 기록된 당시 '삶의 정황'에 대해 학문적인 용어로 'Sitz-im-Leben'(Life setting)이라는 표현을 사용해 설명합니다. 수천 년 전에 하나님의 말씀이 쓰여진 그 상황을 가리키는 표현입니다.

그 오래전 상황으로 '시간여행'을 해서 'Be there'(현장체험)을 하는 것이 묵상입니다. 이러한 체험에서 중요한 것이 바로 '몰입'입니다.

다. 말씀을 읽고 몰입해 수천 년 전으로 돌아가는 '시간여행'을 하는 것입니다.

이를 위해 기도와 찬양으로 준비하는 것입니다. 성령의 감동으로 임재하심 가운데 들어가는 것입니다. '몰입'입니다. 이러한 몰입 가운데 시간과 공간을 뛰어넘는 여행이 이루어집니다.

다윗은 이러한 '시간여행'의 달인이었습니다. 늘 주님의 임재를 그리며 찬양과 묵상을 하였습니다. 이를 "침상에서 주를 기억하며 밤중에 주를 묵상"하였다고 설명합니다. 밤이 새도록 새벽을 깨우며 묵상 가운데 'Be there' 경험을 가졌던 것입니다.

특히 새벽에 주의 말씀을 작은 소리로 읊조리며 묵상하는 일은 너무도 복되고 아름다웠습니다. 때 묻지 않은 하루의 첫 시간, 그 누구보다도 먼저 주님을 만나고, 그 누구와의 대화보다도 먼저 주님과 교감하며 말씀을 사색하는 일이야말로 하나님을 보다 깊이 아는 길의 첩경이었습니다.

이스라엘 백성들이 광야에서 아침 일찍 일어나 그날그날의 만나를 거뒀던 것처럼, 다윗이 유대 광야에서 새벽마다 주의 말씀을 묵상했던 것은 만나를 거두는 체험이었던 것입니다. 다윗처럼 새벽에 일어나 주의 말씀을 읽고 묵상하며 주님의 음성에 귀 기울이는 사람은 결국 하나님을 아는 지식이 그리스도의 장성한 분량에까지 이를 것입니다.

다윗이 유대 광야에서 누린 하나님과 동행하는 즐거움은 왕궁에서 누렸던 세상적인 즐거움과는 비교할 수 없는 것이었습니다. 세상 그 어디에서도 맛볼 수 없는 감격이며 기쁨입니다.

묵상: Be there(그곳, 그 상황, 그 감동)의 경험

오, 주여
오늘 우리도 그 기쁨을 누리게 하소서.
시간여행을 통해, 몰입을 통해
주의 음성에 귀 기울여
주의 비밀한 것을 보고 알게 하소서.
이 아침의 기도입니다.

노다지

마 13:44 "천국은 마치 밭에 감추인 보화와 같으니"

금광을 찾아 세계 여러 나라 방방곡곡을 다녔던 사람들이 있습니다. 조선도 예외 없이 그 대상에 포함되어 구한 말 미국이나 영국의 광산업자들이 조선에 많이 들어왔다고 합니다.

그들이 금맥을 발견하면 인부로 고용했던 조선 사람들에게 소리 질렀던 말이 "No Touch"(건드리지 마라)였습니다. 이 말이 영어를 처음 들은 조선인들에게 "노다지"로 들렸고, 발견된 금광으로 횡재한 것을 "노다지를 캤다"고 표현하게 되었습니다.

만약 우리가 노다지를 만나면 어떻게 될까요? 미국의 서부 개척 시대에 유명한 일화가 있습니다. 친구 몇이 금광을 발견하기 위해 서부로 떠났습니다. 산을 넘고, 강을 건너고, 계곡을 누비며 노다지를 찾기 위해 애를 썼습니다.

힘없이 터덜터덜 걷던 중 한 사람이 이상한 돌을 발견했습니다. 돌을 깨뜨려 보니 그 돌은 예사 돌이 아니라 금덩어리였습니다. 여기저기 그런 돌들이 널려 있었습니다. 신바람이 절로 났습니다.

그러나 그들에게는 장비가 없었고 식량도 다 떨어졌습니다. 그래서 장비와 식량을 마련하여 다시 오기로 결정하고 고향으로 돌아갔습니다. 절대로 누구에게도 알리지 말자고 굳게 약속했습니다.

약속한 날짜에 약속한 장소로 모였는데 이게 웬일일까요? 모인 사람이 100명도 넘었습니다. 이들은 서로를 의심하게 됐습니다. 누가 약속을 깨고 비밀을 누설했나? 그러나 아무도 비밀을 누설한 사람은 없었습니다.

그들은 모인 사람들 중에서 한 사람을 불러 "누가 당신에게 금을 캐러 간다고 했는가?"라고 물었습니다. 대답은 의외였습니다. 자신은 영문도 모른 채, 싱글벙글 달라진 친구의 모습을 보고 그 친구를 따라가면 좋은 일이 있을 거라 생각하고 무작정 따라왔다는 것입니다.

노다지를 발견한 사람의 모습이 달라진 것입니다. 아무리 감추려 해도 나타납니다. 이러한 변화를 다른 사람들이 금방 알아챌 수 있었습니다.

주님께서 이런 비유를 쓰셔서 천국을 소개하십니다. 천국의 기쁨을 발견한 사람은 그 모습에, 그 얼굴에, 그리고 말에 나타난다는 것입니다. 발견한 천국의 기쁨은 감출 수가 없다는 것입니다.

그런데 주님은 "천국은 보화와 같은 것이다"라는 소개로 이야기를 마치지 않으십니다. 보화를 발견한 사람의 행동을 덧붙여 설명하십니다. 보화는 발견하는 것보다, 내 것으로 만드는 것이 더 중요하다고 하십니다.

밭에 감추어진 보화를 발견한 사람은 발견한 것으로 만족하지 않고 전 재산을 다 팔아 그 밭을 사고 보화를 소유한다는 것으로 비유를 마치십니다. 발견한 보화를 감추어 놓고 그 밭을 사는 것이 진정 그 가치를 아는 천국을 발견한 사람이며, 그 사람에게는 그 밭을 사는 것이 희생이 아니라 투자라는 것입니다.

천국의 보화, '노다지'이신 예수 그리스도를 발견하셨습니까? 그분을 만나고 너무 기뻐서 잠 못 이룬 적이 있으십니까? 너무 감격스러워 눈물 흘린 적이 있으십니까?

노다지를 만난 사람은 그 밭을 삽니다. 주님을 섬기고 주의 백성들을 섬기며, 주의 나라를 위해 헌신하는 것은 더 이상 희생이 아닙니다. 투자입니다. 그 밭을 사는 것입니다.

오, 주여
우리는 부족하지만
노다지를 발견한 자로 살게 하소서.
그 밭을 사게 하소서.
우리 평생의 소원입니다.

그 나라 꿈꾸게 하시네

 "그것들이 여호와의 영광 곧 우리 하나님의 아름다움을 보리로다"

수년 전에 상영된 영화 중에 '인생은 아름다워'라는 이탈리아 영화가 있습니다. 블랙 코미디 영화의 진수를 보여주었던 아름다운 영화로, 1999년 칸느 및 아카데미 영화제의 여러 상을 수상한 감동적인 작품입니다.

유대계 이탈리안 아버지가 풍부한 상상력으로 나치의 유대인 수용소에서 아들과 아내를 구하는 이야기입니다. 귀도는 어린 아들 조슈아가 수용소의 잔혹한 진실, 인종차별과 전쟁의 아픔을 눈치채지 못하도록 수용소에서 일어나는 일들을 모두 게임이라고 말합니다.

술래잡기를 하면서 잡히지 않고 1000점을 달성하면 지금 만들고 있는 탱크를 선물로 준다고 속입니다. 아들은 아버지의 말을 믿고 수용소 생활을 즐기면서 1000점 쌓기를 기다리고, 아버지는 아들을 지키기 위해 고군분투합니다.

전쟁이 패전으로 치닫자 독일군이 수용소의 증거를 없애기 위해 수용했던 유대인들을 죽이기 시작합니다. 귀도는 조슈아를 안고 탈출을 감행하다 산을 이룬 시체 더미를 보고 탈출을 포기합니다. 아들을 안전한 곳에 숨기고 아내를 찾으려고 수용소 내를 뛰어다니다 경비병에게 붙들립니다.

숨은 채로 이를 보고 있는 아들이 동요해서 뛰어나올까 봐, 일부러 장난치듯 쾌활하게 웃어 보이며 우스꽝스러운 큰 걸음으로 걸어 나갑니다. 아들은 구멍을 통해 이를 보고 천진난만하게 키득거리며 재미있어 합니다. 이내 울려 퍼지는 총소리….

아들은 아버지가 죽은 사실을 모르고 밤새 수용소에 남아 있다가 다음날 아침이 되자 텅 빈 수용소의 마당으로 나와 봅니다. 그 순간 수용소를 해방시킨 미군 탱크가 마당으로 들어서는데, 자신이 진짜로 탱크를 선물로 받게 된 줄 알고 천진난만하게 놀랍니다.

영화 마지막에 장성한 아들의 내레이션이 나옵니다. "이것이 제 아버지가 희생당하신 이야기입니다. 그날 아버지는 저에게 최고의 선물을 주셨습니다"라는 말로 영화는 끝이 납니다.

"사막이 백합화같이 피어 즐거워하며…떨리는 무릎을 굳게 하며"라고 하시는 하나님의 메시지는 마치 아들 조슈아를 향한 아버지 귀도의 의미 깊은 당부 같습니다.

현실의 어려움은 지나가는 것이니 소망을 잃지 말고 하나님 나라에 대한 꿈을 회복하라는 것이 이사야 35장의 메시지입니다. '꿈의 나라'로 부르시는 하나님의 초대입니다.

"그때에 저는 자는 사슴같이 뛸 것이며 말 못하는 자의 혀는 노래하리니 이는 광야에서 물이 솟겠고 사막에서 시내가 흐를 것임이라 뜨거운 사막이 변하여 못이 될 것"이라고 꿈의 나라를 그림 그리듯 소개하십니다.

우리 주님이 나사로의 무덤 앞에 서서 반신반의하며 엉뚱한 소리를 하고 있는 마르다에게 나무라시듯 말씀하십니다.

"네가 믿으면 하나님의 영광을 보리라 하지 아니하였느냐."

이 말씀을 하시는 주님의 눈에는 눈물이 흘렀을 것입니다. 나사로의 죽음을 보고 우셨던 우리 주님의 눈물은 그분의 결연한 선포와 함께 흘렀을 것입니다.

마치 숨어서 보고 있을 아들을 위해 춤을 추듯 장난기 넘치게 독일군에게 끌려가던 아버지 귀도의 눈에 남몰래 흐르던 눈물이, 나사로의 무덤 앞에 서셨던 주님의 눈물을 상기시켜 줍니다.

주님의 결연한 모습과 영화에서 총살당하러 끌려가면서 아들 앞에서 춤을 추는 아버지 귀도의 모습이 묵상 가운데 오버랩 됩니다.

마침내 이루시는 꿈의 나라, 그 나라를 꿈꾸며 성령님의 역사가 우리 모두에게 임하시길 기도합니다. 이 아침에 김도현 형제의 '허무한 시절 지날 때' 찬송을 따라 부르면서 아침을 엽니다.

허무한 시절 지날 때 깊은 한숨 내쉴 때
그런 풍경 보시며 탄식하는 분 있네
고아같이 너희를 버려두지 않으리
내가 너희와 영원히 함께하리라

성령이 오셨네 성령이 오셨네
내 주의 보내신 성령이 오셨네
우리 인생 가운데 친히 찾아오셔서
그 나라 꿈꾸게 하시네

꿈의 대화

 "하늘이 하나님의 영광을 선포하고 궁창이 그의 손으로 하신 일을 나타내는도다"

성경은 '꿈의 언어'로 기록되어 있습니다. 모든 성경은 성령의 감동으로 쓰였기에 꿈과 비전을 말씀합니다. 그 꿈과 비전의 언어를 듣고 마음에 품을 때 믿음이 잉태됩니다.

그래서 우리는 이러한 과정을 우리 가슴에 나타나는 '말씀의 성육신'이라 말합니다. 말씀은 우리의 마음에서 묵상되고 입술로 고백되는 영적 과정을 거쳐서 심령에 변화를 일으킵니다.

다윗은 '꿈의 대화'를 사랑한 인물이었습니다. 그래서 이렇게 고백합니다.

"내 입의 말과 마음의 묵상이 주님 앞에 열납되기를 원하나이다"(시 19:14).

다윗의 이 고백을 사도 바울은 영적으로 재해석합니다. 그래서

"사람이 마음으로 믿어 의에 이르고 입으로 시인하여 구원에 이르느니라"고 선언합니다. '꿈의 대화'를 신학적으로 표현한 것입니다.

다윗은 막내아들로 태어나 어린 시절부터 목동으로 잔뼈가 굵었습니다. 양들을 들판에 몰고 나가 뜨거운 태양을 맞으며 때론 밤의 이슬을 맞으며 지냈습니다. 하지만 그는 한 번도 그것을 고역으로 생각하지 않았습니다.

거대한 자연 속에서 하나님의 솜씨를 보고 들을 수 있었던 것입니다. 낮에는 강렬한 하늘을 바라보다, 밤에는 하늘의 별들을 보며 하늘 뒤에 또 다른 하늘인 우주가 있음을 볼 수 있었습니다.

낮에는 낮대로, 밤에는 밤대로 하늘과 궁창이 끊임없이 소리 없는 언어들을 쏟아 내는 것을 들을 수 있었습니다. 어려서부터 배운 모세의 율법을 그가 서 있는 자연 속에서 하나님이 들려주시는 심오한 음성으로 체험할 수 있었습니다.

해가 어김없이 동쪽에서 떠서 하늘 높이 서 있다가 다시 서쪽으로 그의 길을 따라가는 것을 보았고, 그 해의 열기가 고뇌기도 하였지만 태양 에너지의 충만함을 느낄 수 있었습니다.

다윗이 주변의 모든 것들을 하나님의 말씀을 통해 받아들였던 것은, 하나님의 음성 듣기를 사모했기 때문이었습니다. 그리고 그 소리를 들을 수 있었던 것입니다. 하늘이 마치 하나님의 영광을 선포하는 것으로 보였습니다.

'선포한다'는 단어는 영어로 '자세히 말한다'는 뜻의 'recount'입니다. 하늘은 단순히 천둥치듯 큰소리로 '하나님의 영광!' 하고 외치는 것이 아니었습니다.

하나님이 친히 그 손으로 하신 영광스러운 천지 창조와 우리 인생들에게 베푸신 구속의 스토리를 마치 방금 본 영화의 줄거리와 감동을 친한 친구에게 신나게 이야기해 주듯이 자세히 말해 주는 것을 말씀합니다.

하늘이 들려주는 소리에 귀를 기울이며 하룻밤, 이틀 밤을 꼬박 새우며 끝없이 계속되는 이야기의 향연이 펼쳐지고 있습니다. 이렇게 꿈의 대화는 하나님의 말씀 그리고 주변의 상황 가운데 우리에게 다가오는 이미지(image)를 알아채는(catch) 것으로 시작됩니다.

그 이미지를 통해 상상 가운데 하나님과의 대화가 시작됩니다. 그래서 영어에도 'image'에서 나온 말이 'imagination'(상상)입니다.

다윗은 넘쳐흐르는 감정을 아름다운 빛과 화려한 곡조를 띤 언어의 이미지로 곱게 옷을 입힙니다. 그래서 마치 아주 고운 한복을 입은 듯 빛과 언어와 기쁨의 이미지로 입혀진 한 편의 눈부시게 아름다운 노래를 부릅니다.

우주에 빛나는 하나님의 영광을 선포하며 노래하는 합창으로 시작합니다. 이어서 하늘 이 끝에서 저 끝까지 기쁜 마음으로 큰 소리를 발하며 힘차게 달리는 태양을 따라 춤을 춥니다.

다윗의 영혼을 밝게 비추는 것은 하나님의 말씀입니다. 말씀을 통해 창조주이시자 구속자이신 하나님과 친밀한 조우를 합니다. 꿈의 대화입니다. 꿈의 대화는 영감(inspiration)을 통해 옵니다. 그리고 이러한 영감은 사모함으로 비롯됩니다.

오, 주여
우리에게도 이러한 사모함이 있게 하소서.
꿈을 대화를 하도록 하소서!
주를 사랑하며 말씀의 묵상이
우리 마음과 입술에 늘 있게 하소서!

성령의 탄식

 "이와 같이 성령도 우리의 연약함을 도우시나니 우리는 마땅히 기도할 바를 알지 못하나 오직 성령이 말할 수 없는 탄식으로 우리를 위하여 친히 간구하시느니라"

갓난아이가 배고파 우는 것은 자연스러운 일입니다. 햇빛이 뜨거우면 풀이 마르고 물을 먹으면 다시 생기를 얻는 것은 자연스러운 현상입니다. 이처럼 사람이 고난을 당할 때 그 고통으로 인해 탄식하는 것은 자연스러운 일입니다.

시편 기자들은 고난을 만났을 때 "어찌하여"라고 탄식했습니다. 믿음이 없어서가 아닙니다. 하나님이 싫어서도 아니었습니다. 현실이 너무 힘들고 그에 비해 자신이 너무 연약하고 보잘것없어 두려움에서 나온 절규요, 호소였습니다.

욥도 고난 가운데 탄식하며 자신이 고통을 두려워하는 연약한 존재임을 인정하였습니다. 믿음의 허세를 부리지 않았습니다. 힘들면 힘들다고 말했습니다. 두려우면 두렵다고 말했고, 슬프면 울었습니다. 갓난아이가 배고프다고 우는 것은 어머니의 존재를 부정하거나 어머니를 원망하는 울음이 아닙니다. 단지 배고픔에 대한 절규요, 배고픔을 해결해달라고 어머니를 향해서 호소하는 것입니다.

고난 중에 겪는 고통으로 인해 힘들어 탄식하는 것이 이와 같습니다. 성도의 탄식은 고통에 대한 절규요, 고통을 해결해 달라는 하나님에 대한 호소입니다.

이에 대해 본을 보이신 분이 성령님이십니다. 우리를 도우실 때 "말할 수 없는 탄식"으로 간구하십니다. 고통에 대한 절규요 호소입니다. 무엇을 상징적으로 말씀합니까? 하나님 앞에 허세를 부릴 이유가 없다는 것을 말씀합니다. 고통이 두렵고 고난의 삶이 힘들어 마음이 연약해질지라도 믿음이 없다는 자괴감에 빠지지 말라는 것입니다.

그래서 시편 기자는 "주여 나의 모든 소원이 주 앞에 있사오며 나의 탄식이 주 앞에 감추이지 아니하나이다"(시 38:9)라고 호소하고 있습니다. 세상을 움직이는 것은 하나님의 손입니다. 하나님의 손을 움직이는 것은 우리의 기도의 손입니다. 하나님은 우리의 마음에 소원을 주시고 그 소원을 기도의 제목으로 삼도록 하십니다.

우리는 마음에 품은 소원을 기도의 제목으로 하나님께 드리고 하나님은 우리의 기도에 응답하십니다. 이를 통해 하나님께서 우리 마음에 심어주신 하나님의 소원이 이루어지게 하시고, 우리에게는 우리의 기도가 응답되어 기쁨을 얻고 살맛나게 하십니다.

이러한 과정을 도우시는 분이 바로 성령님이십니다. 그분의 말 없는 탄식은 바로 하나님의 소원입니다. 우리 마음에 그것을 심으사 우리의 소원이 되게끔 하시는 것입니다.

우리 중에 정기적인 기도의 필요를 느끼지 않는 분들이 있을지 모릅니다. 또 어떤 분은 "기도하고픈 영감을 느낄 때, 기도가 내게 의미가 있을 때 기도한다"고 하시는 분들도 계실지 모릅니다.

이런 태도는 기도의 목적과 필요성을 간과하고 있는 것입니다. 기도는 우리의 삶에서 하나님에 대한 우리의 자각과 하나님이 우리의 삶에서 하시는 역할을 증대시키는 것입니다. 바로 성령님의 말없는 탄식에 민감해지게 되는 역사입니다.

하나님의 소원을 알게 하고 그것을 내 마음에 담는 것이 기도를 통해서 이루어지는 것입니다. 유대인들이 '테필라'라고 하는, 이마를 흔들어 벽에 부딪치며 드리는 기도가 이를 상징합니다.

오, 주여
이 아침에도 머리를 흔들며
기도합니다.
성령의 말없는 탄식에
민감하도록 하소서.
하나님의 소원을 알게 하소서!

도우시는 분

> 롬 8:26 "이와 같이 성령도 우리의 연약함을 도우시나니"

남의 도움을 잘 받고 또 받기를 즐겨하는 '의존적 성향'을 가진 사람들이 있습니다. 그 반면에 남의 도움 받기를 꺼리고 잘 받지 못하는 '독립적 성향'을 가진 이들도 있습니다.

지나치게 의존적인 이들을 영어로 'high maintenance person'(귀찮을 정도로 관리를 필요로 하는 사람)이라고 부르기도 합니다. 주로 연예인이나 운동선수들 같은 스타의식이 많은 사람이나 공주병이나 왕자병이 있는 이들을 칭하는 표현입니다. 그런데 은혜를 쉽게 받는 분들을 보면 남에게 쉽게 자기 자신을 오픈하는 분들인 경우를 많이 봅니다.

독립성이 강하신 분들은 끝까지 버티고 혼자 고생고생 하는데, 마침내 두 손 두 발 들고 항복하시는 경우를 본 적이 있습니다.

성령을 환영하고 그분께 우리를 오픈하는 것은 성령께서 "우리 연약함을 도우시는" 분이기 때문입니다. 여기서 '돕는다'는 단어는 헬라어로 재미있는 표현을 쓰고 있습니다.

성령이 우리를 도우시는 사건이 얼마나 신비한지, 그 당시에 사용하던 단어들을 가지고는 표현이 어려웠던 모양입니다. 그래서 헬라어의 세 단어를 한 단어로 묶어서 성령이 '돕는다'라는 단어를 만들어냈습니다. '쑨안티람바노마이'입니다.

'쑨'은 '함께 우리 곁에서'이고, '안티'는 '우리가 할 수 없는 곳에서'이고, '람바노마이'는 '번쩍 들어 옮기다'는 뜻입니다. 우리 곁에서 함께 계시며 우리가 감당할 수 없는 저 건너편, 우리의 능력이 미치지 못하는 곳에서 우리가 안고 있는 문제를 번쩍 들어서 옮겨 주신다는 뜻입니다.

인생의 어려운 문제에 부딪혀서 안타까워할 때가 있습니다. 우리 힘으로는 해결할 수 없어 쩔쩔맬 때도 있습니다. 우리 능력의 한계 저 너머에 있는 문제들입니다.

그때 성령께서 문제 저 건너편에서 그 문제를 번쩍 들어서 옮겨 주십니다. 갈 길을 보이게 하십니다. 인생의 문제가 해결되기 시작합니다. 바로 이렇게 성령님이 우리를 도와주신다는 뜻입니다.

그래서 "갈 길을 밝히 보이시니 주 앞에 빨리 나갑시다" 하고 찬양하는 것입니다. 인생의 짐이 무거워서 쩔쩔매고 계신 분이 있습니까? 성령님이 옮겨 주실 것입니다. 영적으로 실패한 자리에서 안타까워하며 당황해 하고 계십니까?

날마다 반복적으로 똑같은 죄를 범함으로 실패의 언덕을 넘어서지 못해 괴로워하고 계십니까? "쑨안티람바노마이!" 성령님이 우리를 도와주실 것입니다. 그분을 초청하십시오.

바로 지금 이 순간에 성령님은 우리를 도와주십니다. 언제나 도와주십니다. 매순간 가장 적절한 방법으로 도와주십니다. 우리의 기도는 성령의 도우심을 붙잡는 생명줄입니다. 성령을 온전히 의지할 때 우리의 마음을 아시고 우리를 위해 간구해 주십니다.

쑨안티람바노마이!
기억하십시오.
기도에 사용하십시오!

자기애(自己愛)

 "각각 자기의 일을 살피라"

방탄소년단이 'Love yourself'라는 노래를 유엔에 와서 발표해 화제가 되었습니다. 이 노래는 특히 한국에서 입시나 취업에 시달리며 방황하는 젊은이들을 대상으로 한 곡입니다. 자신이 진정으로 원하는 것을 추구하지 못하고 상대적으로 자존감이 낮은 젊은 층을 격려하는 메시지이기도 합니다.

눈을 뜬다 어둠 속 나
심장이 뛰는 소리 낯설 때
마주 본다 거울 속 너
겁먹은 눈빛 해묵은 질문
어쩌면 누군가를 사랑하는 것보다
더 어려운 게 나 자신을 사랑하는 거야

자기를 진정으로 사랑할 수 있을 때 '자존감'과 아울러 삶에 필요한 '자신감'을 갖게 됩니다. 주님도 두 번째 큰 계명으로 이웃 사랑을 말씀하시고 "네 몸같이" 사랑하라 하십니다. 자기애가 이웃 사랑의 기초가 됨을 말씀하신 것입니다.

그런데 자기애가 지나치면 '자기애 장애'가 됩니다. '내로남불'도 이러한 자기애의 극단적 발로입니다. 대한항공의 땅콩 회항사건 등 재벌가 자녀들의 횡포도 지나친 자기애의 표현입니다.

이 경우 자신의 완벽함을 믿기에 성격에 문제가 있다는 사실을 스스로 받아들이는 것이 오히려 어렵습니다. 실제로 일반적인 자기애성 성격장애는 오히려 겉으로 보기에 카리스마가 있는 것으로 인식되기 쉽습니다.

이러한 나르시스적인 자기애는 정치, 경제, 사회 및 문화, 예술 전반에 걸쳐 나타납니다. 중국의 일대일로 정책이나 미국의 Make America First(미국 우선) 정책도 이 범주에서 벗어날 수 없습니다.

이러한 우리 모두를 향해 사도 바울은 "각각 자기의 일을 살펴라 그리하면 자랑할 것이 자기에게는 있어도 남에게는 있지 아니하리니"라고 지적합니다. 각각 우리 자신을 돌아보라고 합니다.

자신을 돌아보아 이전보다 더욱 온유해졌는가, 더욱 충성스럽고 정직하고 더 사랑하며 오래 참고 있는가를 성찰하라는 것입니다. 이렇게 정직하게 자신을 살필 때 자만이 아니라 겸손을 낳게 될 것이라는 권면입니다. 이러한 성찰 가운데 자신의 죄는 망원경으로 보고 남의 죄는 확대경으로 보는 후안무치의 '내로남불'은 사라질 것입니다. 이제는 올바른 크리스천의 자기애, 자존감을 확립할 때입니다.

이 아침에는 '정결한 마음 주시옵소서'라는 오래된 찬양을 따라 부르며, 사도 바울의 권면과 시편 51편 다윗의 회개를 함께 마음에 새깁니다.

    정결한 마음 주시옵소서
    오 주님
    정직한 영을 새롭게 하소서
    나를 주님 앞에서 멀리 하지 마시고
    주의 성령을 거두지 마옵소서
    그 구원의 기쁨을 회복시키시며
    정직한 영을 새롭게 하소서

이식 수술

> 시 51:10 "하나님이여 내 속에 정한 마음을 창조하시고"

사랑하는 믿음의 식구들 가운데 몇 분이 질병으로 고통을 당하고 있습니다. 기도하며 그분들을 가슴으로 품지만 늘 부족한 마음을 느낍니다. 장기를 새롭게 이식 받으면 아픔이 멈출 텐데 하며 안타까워할 때도 있습니다.

장기 이식을 받으려면 이식 받은 장기가 제대로 작동하도록 도울 수 있는 튼튼한 다른 장기들이 있어야 합니다. 신상을 이식 받으려면 심장이 튼튼해야 원활한 이식이 가능합니다.

마찬가지로 심장을 이식 받으려면 다른 보조 장기들이 튼튼해야 이식의 효과를 누릴 수가 있습니다. 기도 외에 할 수 있는 것이 과연 무엇이 있을까 생각하다가 얼마 전에 운전면허증을 갱신하면서 장기 기증자(organ donor)로 등록하였습니다.

다윗은 '정한 마음'(clean heart)을 이식 받기 원했습니다. 다윗이 사용한 '창조'라는 히브리어 단어는 창세기에 하나님의 천지창조에 사용된 '바라'라는 단어입니다.

다윗은 하나님께서 그의 옛 마음을 들어내고 새로운 마음, 깨끗한 마음을 새롭게 창조해 주실 것을 간구한 것입니다. 잘못된 부분만 고치는 수술이 아니라 완전 이식 수술을 원하고 있습니다.

하나님께 그의 죄를 용서해달라고 부탁하는 것이 아니라, 하나님께서 그의 내면을 완전히 변화시키는 '이식 수술'을 해주실 것을 간구하고 있습니다. 자기 내면에 깨끗한 것이 하나도 없다는 것을 통감한 것입니다.

그래서 "우슬초로 나를 정결하게 하소서" 하고 구체적인 이식의 도구까지 지정해서 말합니다. 우슬초는 이스라엘 백성들이 출애굽시 문설주와 인방에 양의 피를 묻히던 도구였습니다. 그 후 나병에 걸린 사람들의 세정제로 사용되었습니다.

나병환자는 부정한 사람으로 여겨졌기 때문에 가족들과 함께 살지 못했고 다른 나병환자들과 따로 지냈습니다. 나병이 낫더라도 우슬초로 씻은 후 제사장이 정결하다고 선언하기 전까지는 가족에게 돌아갈 수 없었습니다.

우슬초를 언급하면서 다윗은 그가 단지 범죄했음을 말하지 않고, 당시의 나병환자처럼 자신이 부정함을 말하고 있습니다. 또한 양의 피를 묻혀 죽음의 사자를 지나가게 하던 그 우슬초로 이식 수술을 해달라고 간구한 것입니다.

다윗은 한두 가지 일을 제대로 고치면 하나님께서 기뻐하실 것으로 생각지 않았습니다. 한두 가지 행위를 바꾸는 것이 아니라 그 마음을 깨끗하게 바꾸는 이식 수술을 간구하고 있습니다.

오늘 하나님 앞에 제대로 내세울 것이 하나도 없는 우리 자신을 봅니다. 오랜만에 복음성가 '세상에서 방황할 때'를 부르며 "벌레만도 못한 내가 용서 받을 수 있나요" 하고 찬양해 봅니다.

오, 주여
우리 안에 선한 것이 하나도 없나이다.
우슬초로 정하게 하소서.
정한 마음으로 새롭게 이식하여 주옵소서.
정직한 영을 새롭게 하여 주소서.

예수의 영

행 16:7 "무시아 앞에 이르러 비두니아로 가고자 애쓰되 예수의 영이 허락하지 아니하시는지라"

어느 목사님이 예배에 발걸음이 뜸한 교우들에게 말씀 문자를 보낸 적이 있습니다. "너는 두려워하지 말라 내가 너를 구속하였고 내가 너를 지명하여 불렀나니 너는 내 것이라."

5분 뒤 중년의 한 남자가 전화를 걸어왔습니다. "누구신데 이런 문자를 보냈습니까?" 그분은 살아가야 할 이유를 잃어버린 채 어느 다리 난간에 올라가 뛰어내리려다 문자를 받은 것이었습니다.

"그래, 어차피 가는 인생인데 마지막으로 온 문자나 확인하고 가자"고 했는데, 그분 인생 마지막 문자는 새로운 인생을 열어 준 첫 문자가 되었습니다. 며칠 후 주일 목사님과 만나 인생별곡을 쏟아 놓고 펑펑 눈물을 떨구는 그분의 어깨 위에 예수의 영이 함께하셨습니다.

신앙의 여정 가운데 성령께서 뭔가 허락하지 않으시고 막으시는 것을 경험한 적이 있으십니까? 무엇을 하는데 자꾸 성사가 안

될 때가 있습니다. 뭔가 환경적으로 막으실 때도 있습니다.

그뿐만 아니라 성령께서 우리 마음 가운데 역사하셔서 기도를 해도 마음이 편치 않을 때가 있습니다. 어떤 결정을 내려야 되는데 기도를 하면 마음이 편하지 않습니다. 그럴 때는 그 결정을 성령께서 막으시는 것입니다.

사업을 하려고 하는데 마음이 불안해 기도를 해도 마음이 편하지 않을 때가 있습니다. 또 어떤 분을 만나 결혼하려고 하는데 기도만 하면 마음이 불안합니다. 그러면 멈춰야 합니다.

성령의 음성을 들어야 합니다. 사람을 만날 때에도, 직장을 선택할 때에도, 사업을 할 때에도, 무엇을 하든지 간에 마음에 기쁨과 평안함이 올 때까지 기다려야 합니다.

주변에 믿는 사람들이 우리에게 권면해 줄 때가 있습니다. 기도하는 사람들이 하지 말라고 말리면 성령께서 사람을 통해 주신 음성인 줄 알고 멈출 줄 알아야 합니다.

사도 바울 일행도 두 번째 선교여행 중 무시아에서 다음 행선지를 위해 기도 가운데 있었습니다. 마음에 평안이 없고 무엇인가 막히고 있었습니다. 비두니아로 가려던 계획에 자꾸 차질이 옵니다.

그러고는 마게도니아 사람이 손을 흔들며 "와서 도우라"는 환상을 보게 됩니다. 유럽 선교의 길을 여신 성령행전이었습니다.

절대 서두르지 맙시다. 조급하지 맙시다. 주님의 때를 함께 기다립시다. 그러면 주님께서 주님의 때에 문을 열어 주시는 '예수의 영'을 경험하게 될 것입니다.

오, 주여

주님의 영을 기다립니다.

Have Your way in us!

(주님의 뜻을 우리 안에 이루소서!)

립서비스

약 2:14 "내 형제들아 만일 사람이 믿음이 있노라 하고 행함이 없으면 무슨 유익이 있으리요"

마음에 없는 말로 상대방을 기분 좋게 하는 것을 립서비스라고 합니다. "멋지십니다. 최고입니다. 대단하십니다." 입술만의 말이 사람들에게는 통할 수 있습니다. 그러나 하나님께는 통하지 않습니다.

기독교 신앙에서 입술의 고백은 매우 중요합니다. 그러나 고백은 언제나 '마음의 고백'이어야 합니다. 그래서 바울은 "사람이 마음으로 믿어 의에 이르고 입으로 시인하여 구원에 이르느니라"(롬 10:10)고 합니다.

마음으로 믿는 것이 전제가 되어야 하나님이 인정하시지, 립서비스는 믿음의 결과로 나온 믿음의 행위가 아니라는 것입니다. 사도 바울은 한 걸음 더 나아가 설명합니다.

"내가 믿었으므로 말하였다"(고후 4:13), "우리가 전파하는 믿음의 말씀"(롬 10:8)이라고 결연히 선언합니다. 바울은 이 믿음은 새로운 인격이라고 합니다.

립서비스가 아닌 마음으로 믿는 고백, 요즘 말로 표현한다면 '영혼이 담긴 고백'은 립서비스가 아니고 '믿음의 행함'이라는 것입니다. 이렇게 성경에서 행함은 마음의 고백과 이에 따른 행위를 포함하고 있습니다.

그래서 야고보 사도는 믿음과 행위를 구분 지을 수 없다고 하면서 예로 든 것이, 아브라함이 이삭을 제물로 바쳤을 때의 행위와 라합이 이스라엘의 정탐꾼들을 위험을 무릅쓰고 숨겨주었던 행위를 소개하고 있습니다.

이러한 행위는 믿음의 표현입니다. 아브라함은 하나님을 믿었으므로 그렇게 행동할 수 있었습니다. 라합도 이스라엘을 구원하시는 하나님을 믿었기에 그렇게 행동할 수 있었던 것입니다.

캐나다에 줄타기의 명인인 코크란이라는 사람이 있었습니다. 이 사람이 수많은 관객들과 기자들 앞에서 퍼포먼스를 했습니다. 외줄을 타고 나이아가라 폭포를 건너자 사람들이 환호를 했습니다.

그때 코크란이 "나는 한 사람을 등에 업고도 이 나이아가라 폭포를 건널 수 있습니다. 믿습니까?" 하고 묻자 사람들이 모두 "Yes, we believe!"(예, 믿습니다) 하고 구호를 외치며 열광했습니다.

그러자 코크란이 "그러면 제 등에 업혀서 나이아가라 폭포를 건너고 싶으신 분은 나오세요. 제가 업고 건너보겠습니다"라고 초청하자 조용해지면서 아무도 나오지 않았습니다. 재차 물었습니다. "안 계십니까?"

그때 한 아이가 나왔고, 코크란이 그 아이를 업고 나이아가라 폭포를 다시 건넜습니다. 쇼가 끝나고 사람들이 그 아이에게 "얘야! 너 무섭지 않았니? 빠지면 죽는데 그 등에 업혀서 건널 용기를 냈니?"라고 물었습니다.

이 아이가 대답합니다. "I believe him. He is my father"(네, 저는 믿었어요. 제 아빠거든요)라고 답했습니다.

오, 주여
우리의 입술에 담긴 말들이
립서비스가 되지 않게 하소서.
오직 믿음으로
말과 행함이 일치하도록 하소서.
한 주간을 시작하는 기도입니다.

터널 비전

 눅 24:27 "이에 모세와 모든 선지자의 글로 시작하여 모든 성경에 쓴 바 자기에 관한 것을 자세히 설명하시니라"

터널 비전(tunnel vision)이라는 용어가 있습니다. 어두컴컴한 터널 안으로 들어갔을 때, 주위가 아닌 오직 저 멀리 정면의 빛만 보게 되는 시각장애를 일컫는 말로, 숲이 아닌 나무만 보는 인간의 제한된 시야와 사고를 설명합니다.

고등학교 윤리 시간에 처음 배웠던 플라톤의 '동굴 비유'가 생각이 납니다. 동굴 안에서만 살던 종족 중에서 한 사람이 우연한 기회에 동굴 밖을 나올 수 있었습니다. 동굴 안과 밖은 완전히 다른 세상이었습니다. 빛이 있고, 색깔이 있고, 향기가 있고, 여러 종류의 생명 현상이 가득했습니다.

동굴 안으로 다시 돌아가서 그 사실을 사람들에게 전했습니다. 사람들은 그의 말을 전혀 알아듣지 못했습니다. 그는 동굴 안의 동족을 선동했다는 이유로 재판을 받고, 동굴 세계는 다시 조용해졌습니다.

사람들은 여전히 곰팡이가 피고, 박쥐가 날아다니고, 습기가 찬 어둠침침한 동굴 안의 세계를 받아들인 채 살아갑니다. 일단 동굴이라는 세계에 길들여지면 동굴 밖의 세계를 아무리 옆에서 설명해줘도 이해를 하지 못합니다. 터널 비전입니다.

한 어머니가 다섯 살 난 어린 아들을 데리고 소문난 점쟁이를 찾아갔습니다. 괴상한 복장에 주술을 외우고 있던 점쟁이는 아들의 얼굴을 뚫어질 듯 쳐다보더니 "이 애는 마흔세 살밖에 살지 못하겠구만"이라고 말했습니다.

이 소리를 들은 어린아이의 마음속에 그 점쟁이의 말이 각인되었습니다. 아이가 성장함에 따라 그 짙은 불안의 그림자가 늘 가까이서 맴돌았습니다. 마흔세 살이 가까워질수록 초조한 마음은 날로 증폭되었고, 괴로움과 고통 속에 미친 듯이 소리를 질렀습니다.

운명의 마흔세 살 생일을 맞았습니다. 생일의 폭죽 소리가 귓전에 맴도는 일주일 후 싸늘한 시체로 병원 영안실에 안치되었습니다. 사인은 마약 중독이있습니다.

이 다섯 살 난 어린 아이는 후일에 전 세계에 새로운 음악을 선보였던 로큰롤의 황제 엘비스 프레슬리였습니다. 젊은 시절에 많은 사람들로부터 인기를 한 몸에 받았지만 점쟁이의 말에 갇혀 평생 터널을 벗어나지 못했던 것입니다.

예수님께서 부활하신 이후 엠마오로 가던 두 제자들에게 나타나셔서 "모든 성경의 쓴 바"를 설명해 주신 것은 제자들의 터널 비전을 없애주려 하셨던 것입니다.

부활을 이해할 수 없었고 경험하지 못했던 제자들은, 마치 동굴 안에서만 살던 사람들로 '동굴 밖 이야기'를 이해할 수 없었던 것입니다. 그러던 그들에게 떡을 축사하시고 떼어 주시니 그들의 눈이 밝아져 부활하신 주님을 알아보게 됩니다.

영혼의 눈이 열린 것입니다. 복음의 진리는 영계의 스토리입니다. 영혼의 눈이 열리지 않은 사람에게는 '무스테리온'(비밀)일 뿐입니다. 영혼의 눈이 떠지지 않아서입니다.

우리 영혼의 눈이 열리면 제한된 터널 비전을 벗어버리게 됩니다. 주의 영광을 매일 삶 속에 경험하는 다른 세계가 열립니다. 하나님의 신비의 세계입니다. 이 세상이라는 터널에 갇혀 살지 않고 초월하는 삶을 살 수 있습니다. 그래서 바울은 우리를 위해 이렇게 기도합니다.

> "너희 마음의 눈을 밝히사 그의 부르심의 소망이 무엇이며 성도 안에서 그 기업의 영광의 풍성이 무엇이며…능력의 지극히 크심이 어떠한 것을 너희로 알게 하시기를 구하노라"(엡 1:18-19).

사랑을 하면은

요일 2:9 "빛 가운데 있다 하면서 그 형제를 미워하는 자는 지금까지 어둠에 있는 자요"

그 옛날 어릴 적에 국민가요처럼 라디오를 통해 듣던 봉봉 사중창단의 노래가 있습니다. '사랑을 하면은'이란 노래입니다.

사랑을 하면은 예뻐져요
아무리 못생긴 아가씨도
사랑을 하면은 예뻐져요

사랑을 하면은 꽃이 피네
아무리 호박꽃 아가씨도
사랑을 하면은 꽃이 피네

그때에는 콧노래로 흥얼대던 노래에 지나지 않았지만, 세월이 흐르면서 더욱 진리로 마음 가운데 자리 잡히는 가사입니다. 외모는 어떤지 몰라도 적어도 내면의 아름다움만큼은 확실히 지키는 비결입니다.

전승에 따르면 사도 요한은 인생의 말년을 에베소에서 지냈다고 합니다. 주님이 십자가상에서 어머니를 부탁하셨던 명을 끝까지 수행하며 에베소에 머물렀다고 합니다.

나이가 많고 건강이 여의치 않아 거동이 불편했을 것입니다. 특히 사도들은 한결같이 오랜 기도생활로 무릎이 손상되어 걷는 것에 어려움을 겪었습니다. 요즘 같으면 모두 knee cap(무릎) 재생수술을 받아야 했던 분들이었습니다.

요한 사도도 예외가 아니었습니다. 그래서 예배를 드릴 때 어린 제자들이 그를 안아서 나무 의자에 앉혔다고 합니다. 그러면 노사도는 제자들에게 "서로 사랑하라"는 말을 계속해서 되풀이했다고 합니다. 하루는 제자들이 "왜 사도님은 계속해서 사랑하라는 말만 되풀이하십니까" 하고 물었습니다.

그러자 "그것은 주님께서 우리에게 마지막으로 주신 새 계명이다. 그리고 그것으로 충분하다"라고 했다고 합니다. 우리가 이웃을 주님의 사랑으로 사랑할 수만 있다면 하나님의 모든 계명을 다 이룬 것과 마찬가지입니다. 이것을 지키지 못하면 다른 계명을 다 이룬다 하더라도 아직 하나님의 뜻을 제대로 지키지 못하는 것과 같습니다.

우리 삶을 돌아보면 주님이 말씀하신 온전한 사랑을 잘 감당하지 못하고 있습니다. 빛이신 하나님과 사귐이 있기에 빛 가운데 행해야 하지만 실제로는 여전히 어둠 가운데 행할 때가 많습니다.

우리가 빛 가운데 행하는가, 어둠 가운데 행하는가의 기준은 바로 우리 가운데 한없는 사랑이 흐르는가 아니면 미움의 영에 지배받고 있는가에 있다는 것입니다.

우리는 예수 그리스도를 믿음으로 빛의 자녀가 되었지만 아직은 빛과 어둠 사이에서 갈등을 빚으며 살고 있습니다. 우리가 아직 영적으로 성숙하지 못했기 때문입니다.

사랑의 사도라는 별호처럼 끝까지 사랑을 강조하시던 노사도의 잔잔한 음성이 이 아침에 들리는 것 같습니다. 봉봉 사중창단의 '사랑을 하면은 예뻐져요' 하고 요즘식 랩을 부르면서 들려주시는 것 같습니다.

우리의 삶에서 하나님이 주시는 신앙의 기쁨을 누리지 못하고 있다면 사랑하는 마음을 살펴보고 기본으로 돌아가야 합니다. 요한 사도는 우리가 신앙의 기본으로 돌아가서 주님이 주시는 신령한 기쁨이 있기를 축복하며 서로 사랑하라고 요즘식 힙합 노래로 들려주십니다.

동반자

출 2:25 "하나님이 이스라엘 자손들을 돌보셨고 하나님이 그들을 기억하셨더라"

2013년 초 한국에서 어떤 20대 청년이 복권에 당첨되지 못했다고 자살한 사건이 있었습니다. 그는 경제적 어려움을 겪고 있었는데, 마지막 희망을 복권에 걸었던 것입니다.

그의 수첩에 복권 1등에 당첨되면 살고, 1등이 안 되면 죽겠다는 내용이 유서로 적혀 있었다고 합니다. 인생의 마지막 소망을 복권에 걸었을 정도로 절박감은 그를 어리석은 결정으로 몰아갔습니다.

또 23살의 어떤 자매는 서울대학교 경제학과를 졸업하고 사법고시 1차를 통과했으나, 2차 시험에서 떨어졌습니다. 그런데 다시 시험을 봐서 합격할 자신이 없다고 건물 옥상에서 뛰어내렸습니다. 한 명의 똑똑한 수재가 어처구니없는 이유로 목숨을 버린 것입니다.

또 서울 여의도에 사는 어느 치과 레지던트가 아내와 싸운 후 자살했습니다. 싸운 이유는 아내가 생수로 밥을 지으려고 하자 경제도 어려운데 수돗물로 밥을 하라고 다투다가 성질나서 아파트 10층에서 뛰어내려 자살을 하고 말았습니다.

가난하다고, 시험에 떨어졌다고, 밥 짓는 물 때문에 죽은 것입니다. 너무 어처구니가 없는 일들이 최근 이렇게 일어나고 있습니다. 왜 이런 일들이 일어날까?

영적인 공허 때문입니다. 이들의 공허한 마음을 붙들어주고 지켜주는 분이 없었기 때문입니다. 생명을 경시하는 세태와 아울러서 자기 포기가 이렇게 쉬운 것은 확실한 가치관의 부재 또한 원인이라고 볼 수 있습니다.

이 광야 같은 세상에 내몰려 살아가는 그들을 '돌보시고', '기억해' 주시는 분을 알지 못해서 영적인 공허가 그들을 사로잡고 있습니다.

이스라엘 백성들이 지나간 광야는 사람에게 필요한 것이 아무것도 없는 곳이었습니다. 사람이 살 수 없는 곳이어서 광야라고 불린 곳입니다. 이스라엘 백성이 걸어야 했던 시내 광야는 기니안 땅보다 한참 아래쪽에 있는 곳입니다. 이스라엘 기후보다 더 뜨겁습니다.

광야는 나무 그늘도 없고 물도 없이 낮에는 섭씨 40도가 훨씬 넘는 불볕더위가 지속되는 곳입니다. 반면에 밤에는 추위가 몰아치는 견디기 힘든 곳입니다. 이런 광야에서 '하나님이 이스라엘 자손들을 돌보셨고 기억'하신 것입니다. 불기둥과 구름 기둥이 바로 그들을 돌보신 구체적인 방법이었습니다.

광야는 하나님의 보호하심이 없이는 살 수 없는 곳입니다. 광야

같은 우리 인생은 하나님의 보호하심 안에 있을 때 온전히 통과할 수 있습니다. 광야는 통과하는 곳입니다. 가나안을 향해 가는 여정입니다.

이 여정에 동반자가 있으십니까? 이 광야 같은 세상에서 하나님의 도우심 없이 살아가는 분들에게 소망의 소식이 있습니다. 동반자의 소식입니다. 하나님은 우리와 '함께'하시는 동반자이십니다.

그리고 그분을 신뢰하는 우리를 기억하셔서 불기둥과 구름 기둥으로 함께하시는 분입니다. 그리고 그 그늘로 우리를 초대하십니다.

어서 오십시오. 잘 오셨습니다!

두 노인

요 10:11 "나는 선한 목자라 선한 목자는 양들을 위하여 목숨을 버리거니와"

톨스토이의 작품들을 읽으면 그 속에는 항상 메시지가 담겨 있는데 그가 성경을 묵상하면서 고민하며 깨달은 내용들을 소설로 써서 그런 것이 틀림없습니다.

그의 작품에는 항상 사람이 무엇으로 사는가에 대한 묵상이 숨어 있습니다. 선한 목사에 내한 그의 묵상도 예외가 아니었습니다. 실제로 선한 목자로서의 삶을 살 수 있는 실마리를 선한 사마리아인의 비유에서 발견합니다.

그가 남긴 묵상일지나 글이 없어 확실하지는 않지만, 두 가지 예수님의 스토리를 묵상하고 쓰게 된 작품이 〈두 노인〉이란 단편 소설임에 틀림이 없습니다.

예핌과 엘리세이라는 두 노인이 성지순례를 떠나면서 생겼던 일을 소설에 소개하고 있습니다. 예핌은 자기 관리가 철저하고, 무슨 일이든지 완벽하게 일을 처리하는 사람입니다. 그래서인지 그는 동네에서 부유한 축에 속했습니다. 반면 엘리셰이는 특별한 것 없이 평범하고 사람 좋은 그런 인물입니다. 두 사람이 성지순례를 함께 떠나게 되었습니다.

그런데 성지순례를 가다가 중간에 우연한 일로 두 사람이 헤어지게 됩니다. 예핌은 성지순례를 계속하게 되고 엘리셰이는 중간에 집으로 돌아와야 했습니다. 엘리셰이가 집으로 되돌아오게 된 이유는 성지순례를 하려고 가져갔던 돈을 도중에 다 써 버렸기 때문입니다.

그가 어디에 돈을 썼느냐가 소설의 내용입니다. 그는 자신이 가진 돈을 죽어가는 한 가족을 살리는 데 거의 사용했습니다. 원래는 그럴 의도가 아니었는데 어쩌다 보니 그렇게 되었습니다.

엘리셰이는 물 한 잔을 얻어먹기 위해 어떤 집을 방문했습니다. 그런데 그곳은 며칠을 굶어서 거의 죽게 된 한 가정의 집이었습니다. 죽어가는 사람들을 모른 척할 수 없어 엘리셰이는 빵을 그들에게 나눠줍니다.

그리고 거동하기 어려운 사람들을 위해 우물에서 물을 길어다 주었습니다. 거기에서 끝났으면 그만인데, 죽어가는 사람들을 모른 척할 수 없어서 음식도 해주었습니다. 나중에는 그들이 살 수 있도록 기반을 마련해 줍니다.

이러다 보니, 엘리셰이는 성지순례를 가려고 모은 돈을 거의 다 써 버리게 된 것입니다. 할 수 없이 엘리셰이는 성지순례는 간 셈 치고 집으로 되돌아갈 수밖에 없었습니다.

엘리셰이가 돌봐주었던 가족의 뒷이야기는 예핌이 성지순례를 하고 돌아오는 길에 우연히 알게 됩니다. 예핌은 엘리셰이가 도와준 사람들이 건강하고 행복하게 살고 있음을 알게 됩니다.

다 죽어가던 자신들에게 나타난 한 사람으로 인해 자신들이 살 수 있게 되었다는 이야기를 예핌은 듣습니다. 그리고 예핌은 느닷없이 나타났던 그 사람이 바로 엘리셰이였던 것을 알아차립니다.

그리고 스스로에게 묻습니다. "누가 진정 성지를 순례하고 돌아왔는가?" 선한 목자가 양들을 위해 목숨을 버리는 희생은 자기의 유익을 구하지 않을 때 우리의 삶에 실현됩니다.

오, 주여
우리의 삶에 엘리셰이와 같은
고민과 결단이 있게 하소서.
복음이 삶으로 나타나도록 도와주소서!

마음의 미학(美學)

 "좋은 땅에 있다는 것은 착하고 좋은 마음으로 말씀을 듣고 지키어 인내로 결실하는 자니라" 눅 8:15

 기분 나쁠 준비를 미리 하면서 사는 사람은 없습니다. 그런데 실제로 보면 사람이 누군가를 기분 나쁘게 하는 것은 흔히 일어납니다. 물론 일부러 그러지는 않고 모르고 하는 경우가 대부분입니다.
 그런데도 다른 사람은 나를 기분 나쁘게 하면 안 된다고 여깁니다. 그러면서 자신은 상대를 기분 나쁘게 하며 살아갈 때가 많은 것을 발견합니다.
 그 당연히 발생하는 일을 스스로 거부하려고 때로 경직되고, 두려움으로 인해 상대방에게 자신을 노출시키지 않으려 합니다. 캡슐 속의 누에고치처럼 살아가는 사람도 있습니다. 자기 방어입니다. 기분 나쁘지 않으려고 하는 노력 때문에 이미 많은 에너지가 소진되어 작은 일에도 오히려 기분이 나쁠 준비가 된 상태로 살아가는지도 모릅니다.
 하버드대학교에 다니는 한 학생이 아프리카에 있던 슈바이처 박사를 찾아가 가르침을 받고자 했습니다. 그러나 슈바이처는 그 학생을 만나려 하지 않았습니다. 이 학생은 그래도 자기가 하버드대학교에 다니는 대학생인데 환영은 못 해줄망정 만나주지도 않으니까 화가 많이 났습니다. 그래서 그는 몹시 실망한 채 귀국을 준비하고 있었습니다.

그런데 그때 큰 비가 와서 마을이 온통 물에 잠기게 되었습니다. 한 한센병을 앓는 아이가 물에 빠져 허우적거리는 것을 보고 뛰어들어 구해주었습니다. 그 모습을 보고야 슈바이처는 그를 불러 이렇게 말합니다.

"내가 며칠 자네를 지켜보니 자네는 전혀 나를 만날 준비가 돼 있지 않다는 것을 알았네. 그런데 오늘 아이를 구해주는 것을 보고는 준비가 되었다는 것을 알게 되었네."

한센병 아이를 안을 수 있으려면 그 병이 자신에게 옮을 수 있다는 것을 감수해야 합니다. 그런 마음이 있어야 누군가를 만날 수 있고 안을 수 있다는 것입니다.

서로를 아프게 하지 않고 성숙되는 만남은 없습니다. 그것을 이겨내지 못하면 만남이 깊어질 수 없습니다. 성숙된 만남이 유지되려면 내가 상대 때문에 잃는 것에 비해 상대 때문에 얻는 것이 더 많음을 잊지 말아야 합니다.

예수님은 우리 마음 밭에 심겨지는 씨앗입니다. 씨앗이 심겨지면 밭의 영양분을 빼앗아 결국 씨앗이 그 밭을 차지하게 됩니다. 작은 씨앗이 뿌려지는 것 같지만 시간이 지날수록 밭의 성분은 하나도 남지 않게 됩니다.

좋은 밭은 30배, 60배, 100배의 각기 다른 양의 열매를 맺는다고 주님은 말씀하십니다. 관계라 해도 다 같은 관계가 아닙니다. 내가 상대를 위해 얼마를 잃어도 되는가에 따라 그 친밀함의 깊이가 달라집니다.

내 마음에 심기는 주님은 나를 변화시키기 위해 씨가 되어 오는 것입니다. 주님은 나에게 오기 위해 죽어 내 땅에 묻히는 것입니다. 내가 좋은 땅이 되려면 주님께서 내 안에서 일으키는 변화를 감당해내야 합니다. 때로는 마음이 아플 때도 있고, 때로는 기분이 나쁠 때도 있습니다. 열매를 맺으려면 낮과 밤이 함께 있어야 하기 때문입니다.

오, 주여
우리 모두 좋은 땅이 되도록
우리 마음을 주께 드립니다.

약수동 로터리

시 33:14 "곧 그가 거하시는 곳에서 세상의 모든 거민들을 굽어 살피시는도다"

제가 아주 어릴 때 살던 서울의 집은 '오토바이 집'으로 알려져 있었습니다. 6.25 전쟁이 끝난 지 얼마 안 된 1950년대 후반에 한국은 자동차를 가진 집이 거의 전무하던 그때입니다. 주한 미 헌병들이 쓰던 모터사이클을 그 당시 정부의 특혜로 불하 받아 사이드에 앉을 수 있는 탑승 구간을 달았던 '오토바이'가 집에 있었습니다. '싸이도카'라고 일본식 영어로 불렸던 오토바이는 금방 동네의 명물이 되었습니다. 그래서 동네에서 우리 집을 그렇게 불렀습니다.

집에서 10분쯤 걸어가면 장충단 고개와 약수동 로터리가 나오는데, 그곳에 목욕탕과 우체국, 파출소, 그리고 구두 수선하는 조그만 가게가 있었습니다. 어린 제가 자주 가던 곳이었습니다.

그곳에 가서 쪼그리고 앉아 구두 수선하는 아저씨의 작업하는 모습을 지켜보는 것이 4-5살 먹은 아이의 취미였습니다. 왜 그렇게

까만 구두 뒤축이 갖고 싶었는지 이유는 알 수 없지만, 하루는 그 뒤축 하나를 슬그머니 훔치다 붙들렸습니다.

그 아저씨가 호통을 치며, 울고 있는 꼬맹이를 옆의 파출소로 끌고 갔습니다. 수소문 끝에 '오토바이 집' 아이임이 밝혀지고, 오토바이 덕분에 구두 수선 아저씨에게도 용서를 받고 파출소에서도 훈방되어 귀가 조치되었습니다. 그 사건이 평생 잊지 못할 교훈이 되어 어떤 일이 있더라도 남의 물건에 손을 대지 않게 되었습니다. 그러다 군대에 입대해서 문제가 발생했습니다.

그 당시 해병대에서는 오래된 전통으로 '긴빠이'라는 것이 있었습니다. 옆 중대 건물에 취침시간에 몰래 들어가 철모와 소총 등을 훔쳐오게끔 졸병들에게 시키는 것이 훈련 방법이었습니다.

그것을 도저히 할 수가 없었습니다. 열외를 시켜달라고 부탁하면서 상당한 기합을 받았고, 나중에는 그 사유를 고참들에게 고백하면서 어릴 때의 경험이 트라우마가 되어 할 수 없다고 했습니다.

그리고 저에게 붙여진 별명이 '고문관'이었습니다. 좋지 않은 뜻으로 '멍청이, 얼뜬 녀석' 등의 의미를 가진 별명입니다. 기합은 많이 받았지만 '긴빠이'에서는 열외가 되었습니다.

해안 근무를 하면서 동네 교회의 새벽기도에 매일 참여하였고, 그런 모습이 고참들의 눈에는 '고문관'의 진가(?)로 보이기만 하였습니다. 외롭고 힘든 군 생활을 기도를 통해 하나님을 신뢰하는 삶을 살았던 것입니다.

그때 다가온 말씀이 시편 33편이었습니다. "곧 그가 거하시는 곳에서 세상의 모든 거민들을 굽어 살피시는도다." 새벽 시간에 붙들었던 말씀이었습니다. 돌아보면 약수동 로터리에서 군대까지 모든 곳이 다 주님이 거하시는 곳이었습니다.

  그러던 어느 날 목사님이 부르시더니 갑자기 저는 군종병으로 발탁이 되었고, 군교회를 돌보며 관리하는 군인이 된 것입니다. 그때부터 '교회 청지기'의 삶이 시작되었습니다. 하나님의 살피심에는 한 치의 오차도 없으셨습니다.

  오, 주여
  평생토록 주님께서
  거하시는 곳에 있게 하소서.
  주님의 보호 가운데 살게 하소서.
  이 아침의 기도입니다.

피스 메이커

마 5:9 "화평하게 하는 자는 복이 있나니"

요한 웨슬리 목사님이 사람을 만나면 처음 물었던 유명한 질문이 있습니다. "How is your soul today?"(오늘 당신의 영혼은 어떠십니까?) 우리의 영혼이 평안한가를 묻는 질문입니다. 화평하게 하는 자는 자신의 영혼이 먼저 평안해야 합니다.

얼마 전에 SNS를 뜨겁게 달구었던 빌리 레이 해리스라는 노숙자의 이야기가 있습니다. 그는 무엇보다 자신의 영혼의 평강을 선택한 사람입니다. 빌리는 캔사스 시티에서 사람들에게 종이컵을 내밀며 동전을 적선 받아 생활했습니다.

어느 날 한 자매가 동전을 주려다 실수로 다이아 반지를 떨어뜨리고 갔습니다. 그것을 발견한 빌리는 반지를 보석상에 가져가 감정을 했는데, 거기서 4천 불에 팔라는 이야기를 들었습니다.

길에서 생활하던 빌리에게 그것은 큰돈이지만 남아 있던 양심 때문에 반지를 팔 수가 없었습니다. 마음이 전혀 평안하지 않았습니다. 누가 반지를 떨어뜨리고 간지도 몰랐기에 주인을 찾아 돌려주기 위해 한정 없이 기다렸습니다.

한편 반지를 잃어버린 사라 달링은 절망하고 있었습니다. 그 반지는 약혼반지라 돈보다 더 큰 의미가 있는 반지였습니다. 아무리 찾아도 보이지 않아 포기하려다 마지막으로 그날 갔던 길을 되짚어 가보다가 마침내 빌리를 만나게 됩니다.

사라는 "제가 소중한 걸 잃어버렸는데 혹시 보셨나요?"라고 물었고, 빌리는 "그게 혹시 반지 아니에요?"라고 되물었습니다. 그녀가 "네"라고 답하자 빌리는 반지를 꺼내 그녀에게 주었습니다.

반지를 되돌려준 이유를 묻자 빌리는 "난 성자는 아니지만 악마도 아닙니다"라고 대답합니다. 빌리는 당장 손에 쥘 수 있는 돈이 아닌 영혼의 평강을 선택한 것입니다. 사라와 남편 빌은 적은 가치도 아닌 반지를 되돌려준 그의 선행에 감동하였습니다. 두 사람은 빌리의 사연을 SNS에 공개하며 그에게 작은 도움이 되고자 모금을 시작하였습니다.

1천 달러를 목표로 시작했지만 빌리의 선행에 감동한 사람들의 모금이 이어져 19만 달러가량이 모였습니다. 빌리의 인생은 180도 달라집니다. 빌리는 자신의 집과 차를 갖게 되었고 일할 수 있는 직장도 얻게 되었습니다. 또한 16년간 헤어졌던 가족도 찾게 됩니다.

화평케 하는 것은 우리 자신의 영혼으로부터 시작합니다. 우리의 영혼이 평안한지가 관건입니다. 우리의 영혼이 하나님과의 관계에서 형통할 때 우리는 화평케 하는 자가 됩니다.

영혼의 평안을 히브리말로 '샬롬'이라고 표현합니다. 그런데 샬롬에는 자신의 평강을 지키는 것에 머물지 않고 남을 살리고 화평하게 하는 적극적인 의미가 있습니다. 샬롬은 '피스 메이커'의 의미를 포함하고 있습니다.

그래서 주님은 "화평하게 하는 자는 복이 있나니 저희가 하나님의 아들이라 일컬음을 받을 것"이라고 말씀하십니다. 자신도 살고 남도 살리는 복의 근원이 되는 것입니다. "How is my soul, today?"(오늘 나의 영혼은 어떤가?)를 되새기며 물어야 할 질문입니다.

오, 주여
우리 영혼의 평강을 지키게 하소서.
화평하게 하는 자가 되게 하소서.
복의 근원이 되게 하소서.

'조금만 더'의 차이

시 85:6 "주께서 우리를 다시 살리사 주의 백성이 주를 기뻐하도록 하지 아니하시겠나이까"

넘어지면 아픕니다. 경우에 따라서 크게 다칠 수도 있습니다. 그러기에 누구나 넘어지는 것을 원치 않습니다. 하지만 우리가 원하지 않아도 넘어질 수 있습니다.

광야 같은 우리의 인생 여정에서 실족을 피할 수 없을 때가 있습니다. 이때 가장 힘든 것 중의 하나가 하나님께서 나를 버리셨다는 느낌이 들 때입니다. 하나님이 내게서 너무 멀리 계신 것 같은 느낌이 듭니다.

기도하지 않아서 그랬다면 이해라도 되는데, 나름대로 기도했습니다. 그런데도 기도 응답은 없습니다. 입술이 바싹바싹 타들어 가고, 애간장이 녹는 것 같고, 뼈가 다 어그러지는 듯한 마음입니다.

그런데 우리 하나님은 어떤 경우에라도 하나님의 사람들에게 하나님의 은혜를 남겨두십니다. 이스라엘이 바벨론으로부터 멸망을 당했을 때에도 하나님은 이스라엘 백성들 중에 남은 자를 남겨 두셨습니다.

아합 왕 시대에 모든 사람들이 다 우상을 숭배하는 것 같아 엘리야가 "나만 남았습니다"라며 투정을 부렸을 때에도 하나님은 바알에게 무릎을 꿇지 아니한 사람 칠천을 남겨 두었다 하셨습니다.

이스라엘 지파들의 연합군에 의해 베냐민 지파가 멸절의 위기를 당했을 때에도 하나님은 육백 명을 남겨 두셨습니다. 이스라엘의 남은 자, 바알에게 무릎 꿇지 않은 칠천 명, 그리고 베냐민 지파의 남은 육백 명, 무엇을 상징합니까?

우리가 다시 일어날 수 있도록 하나님께서 남겨 두신 은혜를 상징합니다. 더 이상 견딜 수 없는 상황, 쓰러질 수밖에 없는 환경, 이제는 끝났다고 생각되는 바로 그런 순간에도 하나님은 다시 일어설 수 있는 은혜를 남겨 두십니다.

그래서 시편 기자는 말씀합니다. "주께서 우리를 다시 살리사 주의 백성이 주를 기뻐하도록 하지 아니하시겠나이까."

넘어진 사람에게는 일어설 일만 남아 있습니다. 더 이상 잃을 것도 없기에 두려워할 이유가 없습니다. 하나님은 언제든지 다시 일으켜 주실 수 있는 선하고 은혜로우신 분입니다. 그래서 우리는 찬송합니다.

> 그 두려움이 변하여 내 기도 되었고
> 전날의 한숨 변하여 내 노래 되었네

두려움이 변하여 기도가 되었습니다. 한숨밖에 나오지 않는 환경이 찬양이 되었습니다. 믿음의 사람은 마지막이라고 느끼는 그 순간에도 진가를 발휘합니다. 조금만 더 인내하고 나가는 것입니다. 하나님의 약속 위에 서는 것입니다. 바로 '조금만 더'의 차이입니다.

상황이 어렵고 힘들수록 기도의 자리로 나아갑니다. 하나님이 멀리 계신 것처럼 느껴져도 기도의 자리로 갑니다. 하나님께서 응답하지 않으셔도 그래도 여전히 기도의 자리를 포기하지 않습니다. 조금만 더⋯.

택한 그릇

> 행 9:15 "이 사람은 내 이름을 이방인과 임금들과 이스라엘 자손들에게 전하기 위하여 택한 나의 그릇이라"

부엌에는 여러 가지 그릇이 있습니다. 그 그릇 중에서 매일 사용하는 그릇이 가장 귀하고 비싼 그릇은 아닙니다. 비싼 그릇은 나중에 귀한 손님이 올 때 사용합니다. 그렇다고 그릇이 주인에게 항의할 수는 없습니다.

사람도 마찬가지입니다. 우리의 주인은 우리가 아닙니다. 하나님이십니다. 그러니 우리가 쓰임 받는 것 또한 우리가 결정하는 것이 아닙니다. 어떤 그릇을 사용할 것인가는 주인이 결정합니다.

바울을 택하신 하나님의 부르심은 당시 그리스도인들에게는 이해가 되지 않는 것이었습니다. 아나니아는 주님의 선택에 이의를 제기합니다.

"주님, 그 사람이 예루살렘에서 우리 성도들에게 얼마나 못된 짓을 하였는지 제가 많은 이들에게서 들었습니다."

그런데 주님은 이런 불만을 단 한 마디로 일축하십니다.

"가거라. 그는 다른 민족들과 임금들과 이스라엘 자손들에게 내 이름을 알리도록 내가 택한 그릇이다." 바울은 '주님이 택하신 그릇'이었습니다. 그리고 그 이유를 이렇게 말씀하십니다.

"나는 그가 내 이름을 위하여 얼마나 많은 고난을 받아야 하는지 그에게 보여주겠다." 주의 일을 하기 위해 꼭 필요한 사람은 많은 고난을 이겨낼 수 있는 사람이어야만 하는데 바울만큼 적당한 사람은 없었던 것입니다.

사람들은 자신이 하면 더 잘할 것이라 생각하여 자신을 뽑아주지 않으면 불평합니다. 자신이 이런 하찮은 곳에 있을 사람이 아니라 생각합니다. 그러나 하나님은 우리가 우리 자신을 아는 것보다 훨씬 더 우리를 아십니다. 우리는 모든 것에서 하나님의 섭리를 발견할 수 있어야 합니다.

어떻게 우리의 그릇을 알 수 있을까? 우리의 그릇은 하나님의 부르심에 대한 우리의 반응으로 알 수 있습니다. 하나님의 필요를 보았을 때 어떻게 우리의 마음이 반응하고 부담감을 느끼는지, 그 척도가 바로 우리의 그릇입니다.

마더 테레사는 원래 인도의 귀족 아이들을 가르치는 학교 교사로 인도에 갔습니다. 그러나 그녀는 그 삶에 만족할 수가 없었습니다. 그의 그릇은 그것에 맞지 않았던 것입니다.

수녀원을 떠날 생각을 하던 어느 날 기차역에 쓰러져 있는 거지 아이에게서 주님의 음성을 듣습니다. 짤막하게 "목마르다" 하고 부르짖는 절박한 아이의 소리를 통해 들린 주님의 음성이었습니다.

아마 다른 사람들도 들었을 법한데, 다른 사람들은 아무 반응을 하지 않았습니다. 왜냐하면 그 목소리에 반응할 그릇이 아니었기 때문입니다. 마더 테레사만이 주님의 부르심을 깨닫습니다. 그 목소리에 반응할 준비가 되어 있었기 때문입니다. 그렇게 하나님은 마더 테레사를 통해 수많은 인도의 가난한 사람들을 살리고 하나님께로 인도했습니다.

마더 테레사는 꿈에 베드로 사도를 만나 이렇게 말했다고 간증합니다. "저는 하늘나라를 가난한 사람들로 꽉 채우겠습니다." 이것이 마더 테레사의 그릇이었습니다.

우리는 어떻게 쓰임 받을 그릇일까요? 주변을 둘러보십시오. 우리의 도움의 손길이 필요한 곳이 보이십니까? 그곳이 바로 우리를 향한 하나님의 부르심입니다. 어떻게 반응하는가는 바로 우리 몫이고, 그것이 우리의 그릇입니다.

오, 주여
눈을 들어 하나님의 필요를 보게 하소서.
오늘도 믿음으로 우리의 그릇을 키우게 하소서.
이 아침의 기도입니다.

통 큰 간구

 엡 3:19 "하나님의 모든 충만하신 것으로 너희에게 충만하게 하시기를 구하노라"

우리의 기도를 한번 녹음했다 다시 들으면 과연 어떤 마음이 들까요? 우리는 주님께 어떤 기도를 하고 있을까요? 가끔 궁금해집니다. 부끄럽게도 'me, me' 하며 자신에게 집중되고 세상 것만을 구하는 기도는 아닐까요?

바울은 믿음의 분량이 우리와는 비교할 수 없이 '통 큰 간구'를 올리고 있습니다. 노사도가 에베소 교회에 보낸 기도를 읽어 보면 그의 영적 깊이를 알 수가 있습니다. 그는 이렇게 간구합니다.

성령으로 속사람을 강건하게 하옵소서.
믿음으로 그리스도께서 마음에 거하게 하옵소서.
사랑 가운데 뿌리를 내리고 터가 굳게 하옵소서.
지식에 넘치는 그리스도의 사랑을 알고 깨닫게 하옵소서.

그리고 마지막으로 덧붙인 기도가 정말 '통 큰 간구'입니다. "하나님의 충만하심으로 충만하게 하옵소서." 조금 더 설명을 붙이면 "하나님의 충만하심에 이르기까지 우리를 충만하게 하옵소서"라고 할 수 있습니다.

바울의 기도를 통해 나타난 하나님의 기대는 우리가 하나님처럼 충만해지는 것입니다. 그리스도의 장성한 분량까지 자라는 것입니다. 웨슬리 목사님은 이것을 perfect sanctification(완전에 이르는 성화)라고 설명하고 있습니다.

헬라어 성경 원문에 충만은 두 가지 단어로 표현하고 있습니다. 누가복음과 사도행전에 쓰고 있는 충만은 '핌플레미'라는 단어로 사역적 또는 은사적 충만을 의미하고 있습니다.

이와는 다르게 사도 바울이 서신 가운데 사용하고 있는 표현은 '플레이로마'라는 단어로 주로 인격적 충만을 뜻하며 성령의 열매를 충만하게 맺는 것을 의미한다고 볼 수 있습니다.

어느 목사님의 간증입니다. 이 목사님이 성령 충만을 간구하며 추우나 더우나 밤낮을 가리지 않고 열심히 기도하였습니다. 추운 겨울에 새벽 한두 시에 깨어나 일어나기 싫어도 옷을 몇 겹을 껴입고 세 시간 기도를 하고 몸이 얼음처럼 굳어져 들어와 다시 잠깐 잠을 청하곤 하였습니다.

이때 나비 한 쌍이나 새끼들이 있는 오리 가족 등의 모습을 기도 중에 환상으로 볼 때가 많았다고 합니다. 처음에는 그것이 무엇을 의미하는지 몰랐다고 합니다. 그러던 어느 날 주님께서 불임으로 어려움 가운데 있는 분들에게 아기를 잉태하게 해주는 생명의 은사를 주셨음을 확신하게 되었다고 합니다.

물론 처음엔 그 은사가 맞는지 틀리는지 몰라 겁이 났지만, 막상 안수와 기도를 해주다 보니 많은 기적이 일어난 것을 소개합니다. 핌플레미의 충만을 경험한 사례로 볼 수 있습니다.

플레이로마의 충만은 성령의 열매로 채워져 하나님께서 이 간구를 통해 기도자에게 인격적으로 역사하시는 것을 말씀합니다. 이 모든 것이 '하나님의 나타나심'입니다. 하나님의 은혜로 믿음을 통해 새로운 피조물이 된 우리의 간구가 조금 더 '통 큰 간구'가 되기를 사도 바울은 기대하고 있습니다.

세상의 것으로 우리를 채우는 것이 아니라 하나님의 나타나심으로 채워져 하나님의 충만하심까지 충만해지기를 간구할 것을 응원하고 있습니다.

오, 주여
이제는 시시하게 세상 것만
구하지 않도록 하소서.
하나님의 충만에 이르게 하소서.
그 과정 가운데 하나님의 성품과 은사를
체험토록 하소서.
이 아침의 '통 큰 간구'입니다.

너희가 (되어) 주라

마 14:16 "예수께서 이르시되 갈 것 없다 너희가 먹을 것을 주라"

예수님의 이적 가운데 가장 유명하고 중요한 이야기 중 하나가 오병이어의 기적입니다. 그런데 21세기를 살아가는 우리가 이것을 단지 주님께서 수많은 배고픈 사람들을 먹이신 이야기 정도로만 이해해서는 안 됩니다.

더 깊고 상징적인 여러 가지 영적 의미가 있습니다. 주님이 제자들에게 "너희가 먹을 것을 주라"고 명하신 것은 분명히 사람들의 필요를 제자들에게 채워주라고 명령하신 것입니다. 이 명령이 현대의 풍족한 사회에 살고 있는 우리에게 어떤 의미가 있을까요? 현대를 살아가는 사람들에게 채워지지 못한 필요는 과연 어떤 것들이 있을까요?

가랑비가 추적추적 내리던 어느 날, 한 아파트 단지에서 갑자기 사람들의 비명소리가 들렸습니다. 70대 중후반의 할머니가 자살을 한 것이었습니다.

앰뷸런스가 와서 할머니는 곧 병원으로 실려 갔고, 뒤이어 달려

온 경찰들이 사람들을 해산시키고는 자살 원인을 알아내기 위해 할머니의 아파트로 올라갔습니다. 실내는 온갖 고급 가구와 사치스런 장식품들로 채워져 있었지만 왠지 썰렁한 기운이 느껴졌습니다. 이 정도 살림으로 보았을 때 경제적인 어려움은 아닌 것 같고, 혹시 건강상의 이유인가 해서 주치의에게 전화를 걸었습니다.

하지만 주치의는 할머니가 나이에 비해 상당히 건강했다고 말했습니다. 골똘히 고민하던 경찰관은 책상을 뒤져 보았습니다. 할머니의 작은 수첩 하나를 발견하게 되었습니다. 그 수첩을 펼쳐보던 경찰관은 놀랍다는 표정을 지었습니다. 그러고는 "바로 이것 때문이었군" 하고 마치 형사 콜롬보처럼 낮은 목소리로 혼잣말을 하며 고개를 끄덕였습니다.

할머니의 수첩엔 365일 동안 똑같은 글이 실려 있었습니다.

"오늘도 아무도 나에게 오지 않았다."

왜 할머니는 자신이 누군가를 찾아갈 생각을 하지 않고 매일 다른 사람이 오기만을 기다리고 있었을까요?

고독했기 때문입니다. 고독하면 누군가를 찾아갈 용기가 나지 않습니다. 다시 고독해지고 싶지 않은 것입니다. 아이러니하게도 고독한데 고독하고 싶지 않아 만남을 두려워하게 됩니다.

혼자라는 고독감이 더더욱 자신을 방에 가둡니다. 누군가를 만나러 나갈 수 있으려면 혼자 되는 두려움을 극복해야 합니다. 이때는 무엇보다도 누군가 손을 내밀며 도움을 주는 친구가 필요합니다.

주님께서 제자 된 우리에게 주시는 명령은 외로운 주변의 사람들에게 '주 안에서 진정한 친구'가 되어 주라는 것입니다. 시간을 들여서 찾아보고 돌보라는 것입니다.

"너희가 주라"고 말씀하시는 것은 우리의 시간과 관심을 주라는 것입니다. 다른 사람이 줄 것을 기대하지 말고 "너희가 주라"는 것입니다.

오, 주여
주변을 돌아보도록 하소서.
따뜻한 표정, 따뜻한 말 한마디를
나누며 돌아볼 수 있도록 하소서.
한 주간을 시작하는 기도입니다.

자백

요일 1:9 "만일 우리가 우리 죄를 자백하면 그는 미쁘시고 의로 우사 우리 죄를 사하시며 우리를 모든 불의에서 깨끗하게 하실 것이요"

샘은 할아버지 집에 가서 새총을 선물로 받았습니다. 그 새총을 갖고 놀다가 그만 실수로 할머니가 아끼는 오리를 죽게 했습니다. 그는 두려운 마음에 아무도 보지 않을 때 죽은 오리를 장작더미 속에 감추었습니다.

그러나 눈을 들어보니 여동생 샐리가 자기가 하는 모든 행동을 지켜보고 있었습니다. 샐리는 아무 말도 하지 않았습니다.

점심 식사가 끝나고 할머니가 "샐리야, 설거지하는 것 좀 도와줄래?" 하고 말했습니다. 그러자 샐리가 대답합니다. "오늘은 샘이 부엌일을 도와주고 싶다고 했어요. 그렇지, 샘?"

그리고 샐리는 샘에게 작은 소리로 속삭입니다. "오리를 기억하지?" 샘은 설거지를 할 수밖에 없었습니다. 잠시 후 할아버지가 아이들에게 같이 낚시하러 가지 않겠느냐고 물으셨습니다.

할머니가 "샐리는 저녁 준비하는 것을 좀 도와주어야 해요" 하고 말씀하셨습니다. 샐리는 씩 웃으면서 말합니다. "할머니, 샘이 오늘 할머니 저녁 준비를 돕고 싶다고 했어요."

또 샐리는 그에게 작은 목소리로 속삭입니다. "오리를 기억하지?" 샐리는 할아버지와 낚시하러 갔지만 샘은 집에 남아서 할머니의 저녁 준비를 도와야 했습니다.

샘은 며칠 동안 이런 식으로 샐리의 일까지 힘겹게 하면서 더 이상 견딜 수 없게 되었습니다. 그래서 그는 할머니에게 자신의 잘못을 자백했습니다. 그러자 할머니가 말씀하십니다.

"샘, 나는 다 알고 있었단다. 나는 이미 너를 용서했단다. 다만 샐리가 너를 노예로 삼는 것을 네가 얼마나 견디는지 두고 보았을 뿐이야."

복음은 하나님께서 이미 우리 죄를 용서하시고 기다리고 계신다는 소식입니다. 이것이 그리스도께서 선포하신 심판의 진실입니다. 믿기만 하고 주님께 나와 자백하면 용서가 임하는 것입니다.

그러나 용서를 믿지 못하고 죄책감에서 스스로의 힘으로 벗어나려 한다면 구원받을 수 없습니다. 복음은 가장 절망적인 사람이라도 소망 가운데 나올 수 있는 기쁜 소식입니다.

가장 큰 죄인이라도 지금 당장 마음만 바꾸고 '마음으로 믿고 입술로 시인하면' 구원에 이를 수 있다는 소식이기 때문입니다.

오, 주여
마음의 죄책감 때문에 고생하는

어리석음을 범하지 않도록 하소서.
이미 용서해 놓으시고 기다리시는
주님 앞에 나옵니다.

우리를 받으시옵소서!

거짓 없는 믿음

 딤후 1:5 "이는 네 속에 거짓이 없는 믿음이 있음을 생각함이라 이 믿음은 먼저 네 외조모 로이스와 네 어머니 유니게 속에 있더니"

마음에 무엇이 담겨 있느냐에 따라 사람이 달라지고 인생이 달라집니다. 마음에 담긴 것을 사람들은 많은 경우 '양심'이라고 생각하며 양심대로 살면 된다고 말합니다.

실제로 자신의 양심을 믿고 양심을 좇아 행동하고 살아가는 도덕적으로 '선한' 사람이 있습니다. 대부분 이런 사람들은 타인에게 유익을 끼치는 경우가 많습니다.

그러나 양심대로 사는 것만으로는 부족합니다. 왜냐하면 양심을 담고 있는 마음이 본래 부패했기 때문입니다. 그래서 "양심을 판다"는 표현이 나왔는지 모릅니다.

예레미야 선지자는 "만물보다 거짓되고 심히 부패한 것은 마음이라"(렘 17:9)고 말합니다. 잠언 28장 26절은 "자기의 마음을 믿는 자는 미련한 자"라고 말씀합니다.

부패한 마음에 담겨 있는 양심은 사람을 도덕의 수준으로 유지하기도 어렵고, 그 이상으로 올라가게 할 수 없습니다. 또한 부패한 마음에 담긴 양심은 사람을 결코 하나님께로 향하게 할 수 없습니다.

사람의 마음에 하나님의 통치가 이루어져야 합니다. 그래서 하나님의 은혜로 마음이 변해야 합니다. 변화된 마음에 담긴 양심이 될 때 비로소 양심대로 살면 된다고 말할 수 있습니다.

거짓이 없는 믿음은 바로 이렇게 하나님 말씀으로 변화된 마음을 말씀합니다. 디모데의 마음은 어머니와 할머니로부터 꾸준하게 양육되어 변화된 심령이 토양으로 다져져 있었습니다.

중학생쯤 되어 보이는 소녀가 시내버스에서 껌을 팔고 있었습니다.

"저는 병든 어머니를 모시고 가난한 생활을 하고 있습니다. 학비를 벌기 위해 껌을 팔고 있습니다. 한 통에 오백 원입니다. 한 통씩만 사주시면 감사하겠습니다."

여기까지는 늘 볼 수 있는, 동정심을 유발시켜 이익을 남기는 껌팔이 소녀였습니다. 그런데 한 가지 사건이 일어났습니다. 한 아저씨가 껌 한 통을 사면서 소녀에게 천 원짜리를 주었습니다.

그러자 소녀가 오백 원을 거슬러 줍니다. 아저씨는 "돈을 거슬러 주는 것을 보니 정직한 아이구나. 나머지는 너 가져라"고 했습니다. 그러자 소녀는 그 돈을 거절했습니다.

"선생님, 저는 지금 구걸하는 것이 아닙니다. 학비를 벌기 위해 장사를 하고 있습니다." 그 소녀의 마음은 거짓 없는 믿음이었고,

어머니로부터 받은 믿음의 유산이 있었습니다.

비록 가난하지만 구차하지 않고 당당하게 믿음으로 살라고 가르침을 받았던 것입니다. 그 순간 버스 안의 분위기가 달라졌습니다. 여기저기서 껌을 사겠다고 소녀를 불렀습니다. 껌은 순식간에 다 팔렸습니다.

이 소녀가 시내버스에서 껌을 팔다가 남의 돈을 거저 받게 되었다면, 그 아이는 더 이상 고학을 위해 장사를 하는 학생이 아니라 그저 구걸하는 거지의 신분이 되어버렸을 것입니다. 그러나 그 소녀는 부끄러워하지 않으며 학비를 벌기 위해 정당한 가격에 껌을 팔았던 것입니다. 거짓 없는 믿음을 행함으로 표현했던 것입니다.

은혜는 거짓 없는 믿음을 통해 역사합니다.

오, 주여
변화된 마음에 하나님의 말씀을 담기 원합니다.
말씀이 우리의 양심이 되게 하소서.
말씀이 기억나게 하소서.
이 아침의 기도입니다.

All in(올인)

아 8:7 "많은 물도 이 사랑을 끄지 못하겠고 홍수라도 삼키지 못하나니"

주변에 늦게까지 결혼에 성공하지 못한 노총각들을 볼 때가 있습니다. 이상하리만치 그들의 공통점은 모두 '착하다'는 것입니다. 그런데 소개팅을 시켜주면 길게 가지를 못합니다.

그래서 자매에게 물어보면 "글쎄요, 사람은 착한데…" 하고 말꼬리를 흐립니다. 그 "글쎄요"라는 말이 '좀 지루하고, 매력이 없어요'라는 말임을 알 수 있습니다. 여자의 손을 잡든지 키스를 하든지 해서 마음을 표현해야 하는데 용기가 없어서 그러지 못하면 여자들은 답답해합니다. 여자들은 착한 남자를 원하는 것이 아니라 본능적으로 '심장이 뛰는 남자'를 좋아합니다.

무언가를 위해 목숨을 걸 수 있는 열정적인 남자를 좋아하고 찾습니다. 그런 남자가 자신을 보호해 줄 수 있다는 것을 직감적으로 아는 것입니다.

그런데 이런 '사자의 심장'을 가진 사람은 여자들에게만 매력을 느끼게 하는 것이 아닙니다. 우리 하나님도 남자든 여자든 이런 사자의 심장을 가진 사람을 좋아하십니다.

성경에 마치 연인간의 불타는 사랑 이야기로 읽힐 수 있는 아가서를 소개하는데, 그 이유가 바로 이러한 하나님의 성향을 말씀하고 있습니다. 하나님은 'passion'(열정)이 넘치는 하나님이십니다. 그래서 말씀합니다. "많은 물도 이 사랑을 끄지 못하겠고 홍수라도 삼키지 못하나니." 무엇인가에 'All in'(올인)하는 열정적인 모습입니다.

하나님께서 다윗에게 반하신(?) 것이 언제였을까요? 일개 초립둥이와 같던 목동이 블레셋의 거인 장수 골리앗에게 무모하게 당당한 모습으로 '여호와의 이름'으로 나아가 대적했을 때가 아닐까요?

에스더가 "죽으면 죽으리라" 하고 모르드개의 권유를 받아들여 왕 앞에 나섰을 때 하나님은 그녀에게 반하지 않았을까요? 모르드개의 "이때를 위함이 아니더냐" 하며 설득하던 말씀이 귓가에 맴돌아 그 모든 것을 걸었던 에스더의 열정에 반하지 않으셨을까요?

가난한 과부가 '생활비'까지 포함된 두 렙돈을 모두 다 드렸다는 것은 세상의 눈으로는 어리석기 짝이 없는 행동입니다. 그러나 그 과부는 하나님이 도와주시지 않으면 어차피 굶어야 하는 인생이었습니다. '굶겨 죽이시든지' 하는 배짱을 부렸을 때 그 '사자의 심장'을 지닌 과부의 모습이 올인이 아니었을까요? 올인의 열정을 칭찬하지 않을 수 없었던 우리 주님의 모습을 복음서에서 소개하고 있습니다.

이처럼 사자 같은 심장은 우리가 하나님을 진실되게 믿고 '그 약속 위'에 설 때 갖게 됩니다. 믿어야 맡길 수 있고 올인할 수 있습니다. 그 심장은 독생자를 십자가에 못 박히게 하신 우리를 향한 하나님의 심장이기도 합니다. 올인입니다.

이 아침에 이스라엘에게 사자의 심장을 요구하던 엘리야의 '사자후'가 기억납니다.

"너희가 어느 때까지 둘 사이에서 머뭇머뭇 하려느냐 여호와가 만일 하나님이면 그를 따르고 바알이 만일 하나님이면 그를 따를지니라"(왕상 18:21).

이웃

 롬 15:2 "우리 각 사람이 이웃을 기쁘게 하되 선을 이루고 덕을 세우도록 할지니라"

인생을 살면서 독불장군은 없습니다. 훌륭한 장군은 병사가 만드는 것입니다. 장군이 아무리 훌륭해도 병사들이 그 통솔에 따르지 않으면 좋은 장군이 될 수 없습니다.

장군이든 병사든 신분계급에 상관없이 사람은 서로 잘 연결되어 있어야 서로가 함께 든든히 설 수 있습니다. 태풍이나 바람에 나무가 뿌리째 넘어지는 이유는 두 가지입니다.

하나는 뿌리가 깊지 못한 경우이고 다른 하나는 나무와 나무들끼리 그 뿌리가 얽혀 있지 않기 때문입니다. 가장 든든히 오래 서 있는 나무는 뿌리가 나무와 나무들끼리 서로 얽혀 있는 나무입니다.

서로가 얽혀 있을 때 서로가 서로를 지켜주는 것입니다. 교회도 예수님을 중심으로 모든 지체들이 함께 서로 얽혀 있는 교회가 건강하고 든든한 교회입니다.

이렇게 잘 얽혀 있는 교회의 성도들은 세상 유혹과 풍파에 흔들리지 않고 든든하게 설 수 있습니다. 우리의 관계는 '네가 있어 내가 살고, 내가 있어 네가 사는' 관계입니다.

사도 바울은 이러한 관계를 '이웃'이라는 단어로 소개합니다. 그래서 "우리 각 사람이 이웃을 기쁘게 하되 선을 이루고 덕을 세우도록 할지니라" 하고 권면합니다.

선을 이루며 덕을 세우는 관계는 서로 사랑의 돋보기를 쓸 때 가능해집니다. 실제로 사랑은 돋보기보다 더 큰 것을 보게 합니다. 사랑하는 사람의 작은 장점도 크게 보이게 만듭니다.

사랑은 또한 현미경보다 더 작은 것을 보게 합니다. 사랑하는 사람의 잘 보이지 않는 장점까지도 세밀하게 보게 합니다. 사랑은 천체 망원경보다 더 멀리 봅니다. 사랑하는 사람의 먼 미래, '영원'까지 마음에 담아두게 합니다.

작은 장점도 크게 보고, 보이지 않는 장점까지도 세밀하게 보며 영원까지 마음에 담아 두려고 노력한다면 선을 이루고 덕을 세우는 기쁨이 저절로 넘치게 됩니다. 이러한 사랑은 지치고 힘들어 하는 사람들에게 다시 일어날 수 있는 용기를 줍니다. 사랑이 시작되는 그곳에서 천국은 시작됩니다.

이러한 사랑의 돋보기를 구체적으로 쓸 수 있게 하기 위해 성경은 '서로 명령'을 여러 가지로 소개합니다. "서로 받으라", "서로 존중하라", "서로 복종하라", "서로 짐을 지라", "서로 참으라", "서로 격려하라", "서로 세우라", "서로 돌아보아 사랑과 선행을 격려하라", "서로를 위해 기도하라"고 말입니다.

서로 돌보고 약한 자를 강한 자가 섬기는 것이 성경적 삶이며 참 교회의 모습입니다. 이것이 진정한 '이웃'이며, 이것이 '어우러지는 삶'입니다.

왜냐하면,
'네가 있어 내가 살고 내가 있어 네가 살기'
때문입니다.

새 하늘과 새 땅

계 22:3 "다시 저주가 없으며 하나님과 그 어린 양의 보좌가 그 가운데에 있으리니"

여태 들었던 수없이 많은 간증 중에서 가슴에 오래 남아 있는 간증을 꼽으라면 두세 가지 정도를 들 수 있습니다. 모두 귀한 간증이었지만 그 몇 가지가 생생하게 남아 있는 것은 끔찍할 정도로 생생한 증언 때문입니다.

그중 하나는, 어느 탈북자의 북한 정치범 수용소에 갇혀 있는 그리스도인이 끔찍한 상황 가운데 초연히 믿음을 지키는 모습에 대한 증언입니다. 처음 들었을 당시 너무나 큰 충격을 받았던 것이 지워지지를 않습니다.

또 하나는, 어느 장로님이 교도소에서 사형수들에게 전도하며 변화되는 과정에 대한 간증으로 '밧줄'이란 제목의 증언입니다. 그 상황이 눈에 보이듯 그려지는 간증 가운데 눈물이 멈추지 않았던 것은, 그 끔찍한 상황 가운데 어린 양의 보좌가 임하는 환상 때문입니다. 그들에게 임한 새 하늘과 새 땅을 가슴속에 그릴 수 있었기 때문입니다.

이시이 도오기찌는 일본 범죄 역사상 유례없는 범죄자로서 남자, 여자, 어린아이 할 것 없이 가장 잔인한 방법으로 살인을 한 사람입니다. 자신이 한번 작정한 살인을 방해하는 자를 그는 무자비하게 죽였습니다.

그가 마침내 잡혀 형무소에서 사형 집행을 기다리고 있었습니다. 캐나다 출신 평신도 선교사 두 부인이 그를 방문하고 창살을 통해 그에게 복음을 전하려 했지만 그는 완강하게 거부했습니다. 결국 그들은 포기하고 성경 한 권을 주고 떠났습니다. 이시이는 무심코 그것을 읽기 시작했는데 이상하게 멈출 수가 없었습니다.

계속 읽다가 예수님의 십자가의 죽음 이야기가 있는 곳까지 이르렀습니다. 그리고 누가복음 23장 34절 말씀을 읽었습니다. "아버지 저들을 사하여 주옵소서 자기들이 하는 것을 알지 못함이니이다."

이 말씀이 그의 마음에 화살같이 꽂히며 그의 마음을 녹이기 시작했습니다. 사형 집행 전 그는 이렇게 증언합니다.

"나는 그때 성경을 더 읽을 수가 없어 읽는 것을 그만두었다. 마치 5인치나 되는 못으로 꿰뚫는 것처럼 내 마음을 찔렀다. 그것을 그리스도의 사랑이라고 불러야 하는가? 단지 알 수 있는 것은 내가 믿었다는 것과 그리고 굳어 있던 내 마음이 변화되었다는 사실이다."

후에 간수가 그를 교수대에 데려가려고 왔을 때 그에게서 본 것은 험상궂은 얼굴이 아니라 미소로 빛나는 환한 얼굴이었다고 증언합니다.

어린 양의 보좌가 말씀 가운데 임하면 그 누구일지라도, 어떤 상황 가운데 있을지라도, 그 어떤 죄를 저질렀을지라도, 새 하늘과 새 땅은 임하게 됩니다.

Always accepting(언제나 우리를 받으시고)
Always forgiving(언제나 우리를 용서하시는)
하나님의 은혜입니다.

유혹

삼하 11:27 "다윗이 행한 그 일이 여호와 보시기에 악하였더라"

어렸을 때 시장터에 가면 방금 동남아 순회공연을 마치고 돌아왔다고 너스레를 떨면서 기이한 쇼를 벌이는 사람들이 있었습니다. 차력인지 뭔지를 소개하며 짱돌을 맨손으로 격파하면 모여든 사람들이 환호와 함께 박수를 쳤습니다. 한참 시범을 보이고는 갑자기 "애들은 가라!" 하면서 약을 팔기 시작합니다.

항상 쫓겨났기에 무슨 소리를 하는지는 듣지 못했습니다. 어차피 우리는 돈이 없으니 그러는 것도 당연하다고 생각했습니다.

며칠 뒤 친구 집에 놀러갔는데 한창 부부싸움이 벌어져 있었습니다. 그 집 아저씨가 약장수들이 팔던 약을 비싼 돈을 주고 많이 사온 것입니다. 그들은 약을 판 뒤 짐을 싸서 다 떠나버렸는데, 알고 보니 그 약이란 것이 그저 달착지근한 산딸기 주스 정도였던 모양입니다.

그 아저씨는 큰돈을 주고라도 맨손으로 돌을 깰 수 있는 힘을 갖기를 원하셨던 것 같습니다. 그러나 그 약을 아무리 드셔도 그렇게 튼튼해지는 모습은 볼 수가 없었습니다.

그러면서 "어른들은 왜 저런 것에 그렇게 쉽게 넘어갈까?" 궁금하기까지 하였습니다. 당시 저는 어렸지만 그런 속임수를 써서 약을 파는 것을 쉽게 알 수 있었습니다.

유혹은 욕심이 있는 사람에게 쉽게 역사합니다. 반대로 욕심이 없는 사람에게 유혹은 쉽게 무력화될 수밖에 없습니다. 사탄은 자신의 전략인 유혹으로 사람의 욕심을 집중 공략합니다.

다윗은 전쟁 중이었는데도 전쟁에 참전하지 않는 안일함과, 저녁 때에 침상에서 일어나는 게으른 생활을 했습니다. 안일함, 게으름은 짝을 이루며 욕심을 불러일으키는 속성이 있습니다.

안목의 정욕에 사로잡혀 우리아의 아내와 불륜에 빠지게 됩니다. 그리고 그 죄를 은폐하기 위해 우직한 우리아를 전쟁터에서 소환하고, 계획한 대로 되지 않자 마침내 죽게 합니다.

욕심이 잉태하여 죄를 낳고 죄가 잉태하여 사망을 낳게 된 것입니다. 다윗의 죄악을 눈치챈 사람은 아무도 없었으나 여호와께서는 이 모든 일을 낱낱이 주목하고 계셨습니다.

하나님의 보호는 양면의 날을 가지고 있습니다. 하나님의 감시입니다. 세초부터 세말까지 우리를 눈동자처럼 지키시고 보호하시는 그분의 눈을 벗어날 수 있는 것은 아무것도 없습니다. 유혹으로 역사하는 사탄의 궤계를 벗어나는 길은 육신의 정욕, 안목의 정욕, 이생의 자랑을 이기는 것입니다.

오, 주여

우리 안에 세 가지 욕심을 봅니다.

늘 십자가에서 못 박도록 하소서.

오늘도

정직한 영을 새롭게 하소서.

언약 백성

 "여호와께서 그의 백성을 속량하시며 그의 언약을 영원히 세우셨으니 그의 이름이 거룩하고 지존하시도다"

갈 길을 밝히 보여주거나 설명해 주며 따라오라 하면 따라갈 수 있습니다. 따라가는 것이 쉬워집니다. 그러나 앞을 보여주지 않고, 내 말만 믿고 따라오라고 하면 망설여집니다.

아브라함은 하나님이 고향, 친척을 떠나라고 해서 떠났습니다. 갈 바를 모르고 갔습니다. 가나안 땅까지 왔을 때, 하나님은 비로소 이 땅을 주겠다고 약속하십니다. 그런데 그렇게 말씀하시면서도 발붙일 만한 땅도 주지 않으셨습니다. 대신에 후손에게 이 땅을 주겠다고 약속하십니다. 그러나 그 약속을 할 때에 아브라함의 나이가 많음에도 불구하고 자손 한 명도 주지 않으셨습니다.

땅 한 평도 주지 않고 이 땅을 주겠다고 하시고, 후손도 주지 않고 이 땅을 후손에게 주겠다고 하실 뿐 아니라, 후손이 다른 땅에 가서 사백 년 동안 괴로움을 당하게 될 것이라고 하셨습니다.

마치 앞으로 일어날 일들을 일직선상에 그려놓은 듯이 말씀하셨습니다. 그러나 아직 아무것도 실현된 것이 없고 조짐조차 보이지 않았습니다.

이를 보면 하나님의 인도하심은 정말 이상합니다. 그런데 더 이상한 것은 하나님의 황당한 이런 인도하심이 성취된 것입니다. 이것이 바로 '언약 백성'에게 일어나는 하나님의 경륜입니다. 약속의 당사자인 아브라함은 죽었어도 하나님은 그 아들 이삭을 인도하셨습니다. 이삭도 죽었습니다. 그러나 하나님은 여전히 살아 계셔서 그 아들 야곱을 인도하셨습니다.

야곱이 죽었습니다. 그러나 하나님은 여전히 살아 계셔서 그 아들 요셉을 인도하셨습니다. 애굽에 데려다 놓은 요셉도 죽었습니다. 그러나 하나님은 이제 언약은 없던 걸로 하자고 무효선언을 하지 않으셨습니다. 언약은 반드시 성취됩니다.

소설 《대지》로 유명한 펄 벅 여사의 이야기입니다. 그녀는 어린 시절 선교사인 부모를 따라 중국에 가서 자랐는데, 어느 해 심한 가뭄이 들었습니다. 아버지가 타 지방에 출타했는데, 한밤중에 마을 사람들이 몽둥이를 들고 몰려온다는 소식을 들었습니다. 마을에 백인들이 들어와 살아서 부정을 탔기 때문이라는 것입니다.

그 소식을 전해들은 어머니는 집안에 있는 찻잔을 모두 꺼내 차려놓았습니다. 케이크와 과일을 접시에 담았습니다. 그리고 문을 활짝 열어둔 채 아이들과 함께 태연하게 거실에 앉아 있었습니다.

잠시 뒤 웅성거리는 소리가 들리며 사람들이 들어왔습니다. 어머니는 그들을 반갑게 맞이했습니다. 차와 케이크, 그리고 과일을 대접했습니다. 그들은 어리둥절한 모습으로 대접을 받았습니다.

그러고는 아무 말 없이 가버렸습니다. 신기하게도 그날 밤 그토록 기다리던 비가 내렸습니다. 그 일로 인해 오히려 복음의 문이 활짝 열렸습니다.

훗날 어머니는 펄 벅이 컸을 때 그날 밤의 일을 이렇게 말합니다. "용기는 절망에서 생긴다!" 역설적인 진리입니다. 세상에 대해 절망할 때 오직 하나님만 의지함으로 소망을 얻고 용기를 낼 수 있습니다.

언약 백성에게 임하는 하나님의 축복입니다.

십자가

> 미 7:19 "다시 우리를 불쌍히 여기셔서 우리의 죄악을 발로 밟으시고 우리의 모든 죄를 깊은 바다에 던지시리이다"

구세군을 창설한 윌리엄 부스는 감리교 신자로 처음에는 별 생각 없이 예수님을 믿었습니다. 매주 교회에 나가며 으레 그렇듯이 자신도 크리스천이라고 믿고 또 나누기도 하는 삶을 살았습니다.

그런데 하루는 신비로운 꿈을 꾸었습니다. 그가 언덕길을 지나가다가 큰 십자가에 한 사람이 달려 있는 것을 본 것입니다. 그런데 어떤 사람이 사다리를 타고 올라가서 십자가에 달려 있는 사람의 손에 큰 망치로 못을 박고 있는 것이었습니다.

자세히 보니 십자가에 달려 있는 분은 예수님이셨습니다. 그 순간 그가 외쳤습니다. "야, 이놈! 이 나쁜 놈! 우리 주님께서 십자가에 한 번 못 박히신 것만 해도 마음이 아픈데, 어디서 또 못을 박고 있어? 이 못된 놈! 당장 내려오지 못해?"

그 소리에 망치질하던 사람이 얼굴을 돌렸습니다. 윌리엄 부스는 깜짝 놀라지 않을 수가 없었습니다. 그 사람은 바로 자기 자신이었던 것입니다.

"아니! 너는 누구냐? 너는 내가 아니냐?"

"그래, 나는 너다."

"이놈아, 너는 나와 똑같이 생겼지만 나는 네가 아니야. 나는 주님을 십자가에 못 박지 않아."

"네 말과 생각, 네가 살고 있는 삶은 이렇게 예수님을 계속 못 박고 있어."

윌리엄 부스는 꿈에서 깨어났고, 예수님이 자신 때문에 아직도 십자가에 다시 못 박히고 계신다는 것을 깨닫게 됩니다. 이 사건 이후 그의 삶은 변했습니다. 후에 구세군을 창설하여 가난한 사람들을 도와주며 복음을 전하게 됩니다.

예수님은 이 세상에 오셨을 때 끊임없이 자신을 '인자'(Son of Man)라고 소개하셨습니다. 그 말씀의 깊은 의미는 예수님께서 '사람의 아들'로 오신 것을 넘어서 죄 지은 우리 자신이 되신 것을 말씀합니다.

그리고 주님은 우리의 죄를 끌어안고 십자가에 못 박히셨습니다. 예수님은 죄악 가운데 있는 우리가 되기를 자청하신 것입니다. 이러한 예수님의 사역을 미가는 다음과 같이 예언합니다.

"다시 우리를 불쌍히 여기셔서 우리의 죄악을 발로 밟으시고 우리의 모든 죄를 깊은 바다에 던지시리이다."

바로 주님의 십자가 사역을 말씀하고 있습니다.

십자가는 예수님이 우리의 죄가 되신 장소입니다(고후 5:21). 그래서 우리를 새로 태어나게 만드신 신비한 공간입니다. 또한 십자가는 우리가 예수님이 되는 장소이기도 합니다. 우리가 하나님의 의로 탈바꿈하는 곳입니다.

    십자가는 우리를 예수님처럼 십자가의 길을 따르라고 하는 초청의 장소입니다. 주님이 우리 대신 지셨던 십자가를 이제 우리가 지고 그 길을 따르라고 하십니다. 이것을 믿는 믿음이 우리를 새로 태어나게 합니다. 그리고 새로 태어난 행복은 이전의 행복과는 비교도 되지 않습니다. 인간은 십자가 없이 행복할 수 없습니다.

    십자가만이 부활로 가는 길이기 때문입니다.

오, 주여
우리 대신 주님께서 지신
십자가를 바라봅니다.
그 길을 우리도 가게 하소서.
이 아침의 기도입니다.

썩은 동아줄

 "이스라엘을 지키시는 이는 졸지도 아니하시고 주무시지도 아니하시리로다"

누구나 인생을 살면서 여러 가지 힘든 일을 만날 때가 있습니다. 그때 누군가 곁에서 도와주면 좋겠다는 생각을 합니다. 그때 곁에서 도와주는 사람이야말로 진정한 친구입니다.

그러나 어떤 경우에는 주위를 둘러보아도 아무도 도와줄 사람이 없을 때가 있습니다. 옆에 있던 사람을 그래도 철석같이 믿었는데 '썩은 동아줄'이었나 하며 배신감마저 느낄 때도 있습니다.

많은 사람들이 썩은 동아줄을 잡고 살고 있습니다. 더 안타까운 것은 자신이 잡고 있는 것이 썩은 동아줄이 아니라 쇠가죽 동아줄이라고 생각한다는 데 있습니다.

아무리 출세를 할지라도 썩은 동아줄을 잡고 살면 언젠가 떨어지는 것은 당연한 일입니다. 시간 문제일 뿐입니다. 어떤 줄을 잡고 사느냐가 중요합니다. 세상의 줄은 썩은 동아줄일 뿐입니다.

시편 121편은 그런 상황에 처한 시인의 질문으로 시작합니다.

"내가 산을 향하여 눈을 들리라 나의 도움이 어디서 올까." 그리고 세상 모든 도움이 썩은 동아줄임을 깨달은 그가 스스로 대답합니다.

"나의 도움은 천지를 지으신 여호와에게서로다." 그리고 그 이유를 설명합니다. 그분은 졸지도 아니하시고 주무시지도 아니하시며 우리를 지키시는 하나님이시기 때문이라고 단언합니다.

우리가 아무리 힘든 상황에 있더라도 하나님이 옆에 계신다는 것을 확실히 알 때 참 위안이 됩니다. 답답한 심정을 안고 교회에 나와 기도할 수 있다는 것이 위로가 됩니다. 목소리 내어 한참을 기도하고 나면 하나님이 마음에 평안을 주십니다.

아직 고민거리와 문젯거리가 해결된 것은 아니지만 "나의 도움은 천지를 지으신 여호와에게서로다"라고 고백하는 순간에 세상이 빼앗아갈 수 없는 하늘의 평안이 마음을 가득 채웁니다.

하나님의 실제 도움은 우리의 마음에 평강을 주신 후에 따라옵니다. 하나님께서는 우리의 마음을 먼저 만지십니다. 그리고 기적적인 방법으로 우리의 환경을 바꾸시며 도우십니다.

미국이 대공황 시절을 견뎌낸 후 경기가 회복세로 돌아섰을 때 유통업계에 J. C. Penny(페니)가 선두주자로 두각을 나타내고 있었습니다. 그러나 가정생활에 어려움을 경험하면서 위기가 찾아왔습니다.

첫 번째와 두 번째로 결혼한 아내들과 모두 사별한 것입니다. 엎친 데 덮친 격으로 사업도 치열한 경쟁으로 부진한 가운데 심한 스트레스와 두통으로 잠을 이룰 수 없었습니다.

죽음을 생각하다가 종합병원에 검진차 갔던 그가 병원 복도 채플에서 흘러나온 찬송가에 발걸음을 멈췄습니다. '너 근심 걱정 말아라'였습니다.

너 근심 걱정 말아라 주 너를 지키리
주 날개 밑에 거하라 주 너를 지키리
어려워 낙심될 때에 주 너를 지키리
위험한 일 당할 때 주 너를 지키리
주 너를 지키리 아무 때나 어디서나
주 너를 지키리 늘 지켜 주시리

그때 페니는 후들거리는 다리로 교회 문을 열고 뒷자리에 앉아 처음부터 끝까지 눈물로 예배를 드렸습니다. 그리고 모든 썩은 동아줄을 버리고 확실한 줄 예수님을 붙잡았습니다.

오, 주여
썩은 동아줄을 버리고
확실한 가죽 동아줄을 잡습니다.
오늘도 우리를 지키시는 주님을 찬양합니다.

기억상실

 롬 8:31 "그런즉 이 일에 대하여 우리가 무슨 말 하리요 만일 하나님이 우리를 위하시면 누가 우리를 대적하리요"

한국 드라마에서 작가들이 많이 사용하는 설정이 있는데, 바로 '기억상실증'입니다. 어느 날 교통사고나 감당할 수 없는 충격을 받으면서 주인공이 기억을 상실하게 됩니다. 지난 날 사랑하던 사람에 대한 기억을 할 수 없습니다. 여기서 오는 안타까움을 소재로 해서 드라마를 풀어갑니다.

탈북자들이 이구동성으로 말하는 북한에서 최고인기 남한드라마가 '천국의 계단'과 '겨울연가'라는 말을 듣고 어떤 드라마인지 보니 전부 기억상실 이야기입니다. 기억상실이라는 것이 드라마에서는 나름대로 흥미를 주지만, 실제의 삶에서 발생한다면 불행한 삶을 살게 될 것입니다. 자녀가 갑자기 기억상실에 걸려서 부모를 알아보지 못하고 "누구세요?" 하고 묻는다면 끔찍한 일입니다.

그런데 실제로 이런 일을 겪는 분이 계십니다. 바로 하나님이십니다. 하나님은 우리를 만드셨습니다. 하나님 자신을 닮은 모습으로 우리를 만드셔서 사랑하신 것입니다.

그런데 우리가 하나님을 잊은 것입니다. 그리고 말하기를 "본래부터 하나님은 없었다"고 말합니다. 하나님은 우리 가운데 계실 자리가 없어지고 말았습니다. 아무리 사람들에게 하나님의 존재를 말씀하셔도 인간들은 들으려고 하지도 않고, 점점 더 하나님으로부터 멀어져갔습니다. 하나님의 사랑이 기억 속에서 사라졌습니다. 그래서 늘 불안합니다. 염려합니다. 초조해 합니다. 하나님의 사랑을 잊었기 때문입니다.

우리의 불행은 하나님을 떠나면서부터 생겼습니다. 질병과 고통, 관계의 단절과 죽음과 같은 것들은 하나님을 떠난 인간의 삶의 모습입니다.

하나님께서는 우리의 상실된 기억을 돌이키기 위해 "자기 아들을 아끼지 아니하시고 모든 사람을 위하여" 내어 주셨습니다. 우리의 상실된 기억을 돌이키기 위해 도저히 양보할 수 없는 마지노선을 하나님 스스로 넘으신 것입니다.

우리가 죽어야 할 그 자리에 바로 하나님의 아들 예수 그리스도께서 죽으신 것입니다. 이렇게 아들도 주신 분입니다. 그런데 다른 무엇을 걱정하느냐고 질문하십니다. 걱정하지 말라는 것입니다. 하나님께서 하실 것이라고 말씀합니다.

우리의 기억은 사라졌지만, 하나님은 그 아들 예수 그리스도를 이 땅에 보내셔서 당신의 사랑을 확인해 주셨습니다. 하나님은 말씀을 통해 여전히 우리를 사랑하고 계심을 보여주십니다. 우리의 기억이 깨어나기를 원하십니다.

그리고 결론적으로 이렇게 말씀합니다. "그러나 이 모든 일에 우리를 사랑하시는 이로 말미암아 우리가 넉넉히 이기느니라"(롬 8:37).

이 아침에 베토벤 교향곡 9번 합창을 듣기 원합니다. 그 웅장함과 깊이에 사로잡히기 원합니다. 특히 4악장 환희의 송가를 들으면서 인생의 역경과 고난을 이겨내고 최후 승리를 얻게 하시는 하나님의 사랑을 기억하기 원합니다.

오, 주여
우리의 기억상실을 돌이키시는
주님의 그 귀한 사랑에 감사합니다.
주님이 함께하심으로
오늘도 넉넉히 이기게 하소서!

율법의 완성

레 19:18 "네 이웃 사랑하기를 네 자신과 같이 사랑하라"

맨해튼에 있는 링컨센터에서는 항상 수많은 예술가들의 공연이 있습니다. 예술가들에게는 꿈의 무대입니다. 그곳에서 수년 전에 인간 승리의 공연이 열렸습니다.

스테파니 바스토스의 발레 공연이 열렸을 때 공연장을 가득 메운 관중들은 뜨거운 박수를 보냈습니다. 그녀는 1995년에 교통사고를 당해 발목을 절단하는 대수술을 받았습니다. 그때 그녀는 절망했습니다.

발레리나로서 사형선고를 받은 것이나 마찬가지였고, 춤을 빼앗긴 그녀의 인생은 빈껍데기만 남았을 뿐이었습니다. 그러나 바스토스의 곁에는 지혜로운 어머니가 있었습니다. 의족을 바라보면서 눈물짓는 딸에게 나직이 말합니다.

"딸아, 네가 잃은 것은 오른쪽 발목 하나뿐이야. 의족으로 사람들에게 멋진 춤을 보여줄 수 있겠니?" 스테파니는 어머니의 격려에 용기를 얻어 힘차게 재기했습니다. 5년의 피나는 훈련을 치른 것입니다.

그리고 '의족의 발레리나'라는 명성을 얻습니다. 어머니의 격려 한 마디가 그녀의 인생을 바꾸어 놓은 것입니다. 부모는 자녀의 작은 창조자입니다. 낳아준 것만으로 부모가 되고 자녀가 되는 것은 아닙니다. 자녀를 성장시키고 발전시켜 '만들어가는 것' 또한 부모들이 할 자녀양육입니다.

하나님도 마찬가지입니다. 지금 우리의 모습에서 하나님이 빚기 원하시는 모습이 분명히 있고, 그 형상대로 우리가 변화되기를 기대하고 계십니다.

그래서 사도 바울은 우리를 '질그릇'이라 표현하며 하나님을 '토기장이'로 묘사합니다. 또한 우리를 하나님의 작품(만드신 바)이라고 상징적으로 표현합니다.

하나님이 우리 안에서 보기 원하시는 모습은 과연 어떤 것일까요? 성경이 계속해서 말씀하는 그 모습은 바로 '사랑의 모습'입니다. "네 이웃 사랑하기를 네 자신과 같이 사랑하라"는 말씀으로 압축해서 설명하십니다.

주님도 새 계명을 주시고 또한 "서로 사랑하면 이로써 내 제자임을 알리라"고 말씀하십니다. 바울은 사랑은 율법의 완성이라고 할 정도로, 하나님께서 우리 가운데 이루고자 하는 'imago dei'(하나님의 형상)를 말합니다.

우리가 사랑하는 사람이 됨으로 완성된다는 것을 알려줍니다. 황폐한 마음도 사랑이 있으면 다시 새롭게 회복됩니다. 폐허가 된 가정도 사랑이 있으면 다시 정이 흐르고 따뜻하게 살아납니다.

지옥과 같던 그 어떤 곳들도 사랑이 있으면 천국으로 변화됩니다. 우리가 사는 곳을 천국으로 만드는 것은 하나님의 사랑을 먹고 그 사랑으로 우리가 서로 사랑할 때 이루어집니다.

오, 주여
우리 가운데 사랑이 부족합니다.
주의 사랑으로 사랑하게 하소서.
우리 가운데 율법의 완성이 이루어지게 하소서.

와디

시 23:4 "내가 사망의 음침한 골짜기로 다닐지라도 해를 두려워 하지 않을 것은 주께서 나와 함께하심이라"

이스라엘을 방문한 경험이 있는 분들은 '와디'라는 표현을 들어 보셨을 것입니다. 와디는 아랍어에서 유래된 '골짜기'라는 말입니다. 다윗이 사울을 피해 숨었던 곳은 주로 와디 지역이었습니다. 와디는 상류가 좁고 깊은 협곡인 반면, 하류는 평탄한 지역입니다. 밤에는 춥고 낮에는 더운 'dry land'(마른 땅)로 험한 곳이었습니다.

우리에게는 누구에게나 바꾸고 싶은 환경이 있습니다. 피하고 싶은 순간이나 환경이 있게 마련입니다. 와디는 우리의 인생 여정에서 피하고 싶은 마른 땅, 광야를 상징합니다.

그런데 와디를 피하며 자신에게 주어진 환경이 무섭다고 도망가는 사람은 결코 승리할 수 없습니다. 하나님은 종종 우리가 바꾸고 싶어 하는 그 환경을 약으로 사용하셔서 하나님의 뜻을 우리 안에서 이루어 가십니다.

하나님은 '와디'라는 환경을, 다윗을 치유하기 위한 약으로 사용하셨습니다. "내가 사망의 음침한 골짜기로 다닐지라도 해를 두려워하지 않는 것은 주께서 나와 함께하심이라"라는 그의 고백은 그냥 쉽게 나온 고백이 아닙니다.

아침에 커피 한 잔을 앞에 두고 마시면서 말씀 묵상으로 그냥 음미하는 좋은 글귀가 아닙니다. 다윗이 몸으로 견디며 이겨낸 삶의 고백입니다. 결코 쉽게 쓰여진 고백이 아닙니다. 그의 삶 가운데 블레셋이 있었고, 사울의 끝없는 추적이 있었고, 그때마다 험한 와디로 피해 지내면서 나온 고백입니다.

현재 우리의 상황이 좋지 않을지라도 피하지 않고 하나님에 대한 올바른 자세를 놓치지 않는다면, 하나님은 우리가 처한 와디를 선으로 바꾸시는 분입니다. 가장 큰 문제는 환경에 있는 것이 아니라 우리 자신에게 있습니다.

우리가 우리의 '블레셋'과 '사울'로 인해 굴과 웅덩이에 숨어서도 환경으로 인해 원망과 분노를 씹으면서 인생을 허비하지 않고 하나님과 바른 관계를 맺는다면, 하나님은 우리의 와디를 선으로 바꾸어 "모든 것이 합력하여 선을 이루게" 하십니다.

비가 내릴 때나 가뭄이 들 때에는 와디나 평지에 관계없이 똑같이 영향을 받습니다. 믿음의 사람과 믿지 않는 사람은 이에 대한 반응이 다를 뿐입니다.

믿음은 우리의 시선을 하늘에 고정시키고 소망을 품게 합니다. 그러면 이상하게도 와디의 빗길을 걸으면서도 마음에 평강을 얻고 태양빛 길을 걸으면서도 입가에 미소를 지을 수 있습니다.

와디를 걷느냐 평지를 걷느냐가 아니라, 우리의 시선이 어디에

고정되어 있는가에 따라 우리의 삶이 달라집니다.

오, 주여
오늘도 와디를 걷습니다.
그러나 해를 두려워하지 않습니다.
주님과 함께 걷습니다.

겉사람과 속사람

고후 4:16 "그러므로 우리가 낙심하지 아니하노니 우리의 겉사람은 낡아지나 우리의 속사람은 날로 새로워지도다"

겉사람과 속사람이 한결같은 사람은 참으로 찾기 힘든 것 같습니다. 요즘처럼 SNS로 금방 신상이 털리는 시대에는 더더욱 속임수로 속내를 가리는 것이 손바닥으로 하늘을 가리는 것같이 불가능한 일이 되었습니다.

한국 정치권에서 몇몇 인물들의 신상이 미디어와 국회 청문회를 통해 공개되면서, 겉으로 정의와 평등을 외치는 것과 그들의 실생활 사이에 있는 괴리는 참으로 메우기 힘든 것이라는 사실도 알게 되었습니다.

SNS와 미디어, 유튜브, 그리고 청문회만 해도 이 정도의 위력을 발휘하니, 모든 것을 아시는(all-knowing) 하나님의 백보좌 심판대 앞에 섰을 때 우리의 간담이 얼마나 서늘해질까요?

사도 바울도 예외가 아니었습니다. 이방인들을 위한 사역을 감당하던 그의 이런 모습 저런 모습을 보게 됩니다. 이방인들과 함께 식사하던 자리에 유대인들이 등장하자 자리를 추스르며 아닌 척하던 베드로 사도의 모습도 보게 되는데, 이는 분명 외식적이고 비겁한 태도임에 틀림이 없었습니다. 이를 본 강직한 성격인 바울은 자신보다 선배인 베드로 사도를 많은 사람 앞에서 공개적으로 꾸짖었습니다. 베드로 사도는 제자들 앞에서 얼마나 겸연쩍었을까요?

그러한 바울도 1차 선교여행에서 낙오했던 마가의 문제를 놓고 바나바와 다투자, 그 후 자신도 겉사람과 속사람의 차이에서 자유롭지 못하다는 것을 느낍니다. 확실한 것은 알 수 없지만, 더 춥기 전에 마가를 데려오라고 디모데에게 부탁하는 것으로 보아 후에 서로 용서하고 화해한 것을 미루어 짐작할 수 있습니다.

그런 바울이 말씀을 나눕니다. 우리의 부족함으로 인해 낙심하지 말자며 "우리의 겉사람은 낡아지나 우리의 속사람은 날로 새로워지도다"라고 합니다.

우리의 육신이 쇠하듯이 겉에 드러나는 육신적인 모든 것은 점점 더 없어지고 우리 안의 속사람이 더욱더 새롭게 드러나게 되어 있다는 것입니다. 그것이 바로 성령님의 성화의 능력이고 하나님의 청사진이라는 것입니다.

어차피 겉사람은 버려질 것들이니 예수 믿고 완벽한 사람은 아무도 없지만, 시간이 지나면서 성령의 도우심으로 속사람이 날로 새로워지면서 겉사람의 속성이 없어져간다는 것입니다. 이러한 성령님의 사역에 우리 자신을 맡기며 순종할 때 매일매일 속사람이 더욱 강건해지고 성결의 영으로 변화될 것입니다.

오, 주여
오늘도 우리의 겉사람을 벗어버립니다.
예수로 옷 입고 속사람이 새로워지게 하소서.
성령이여 오늘도 도우소서!
변화되기 원합니다.

아침의 기도
오! 마이 갓!

1판 1쇄 인쇄 _ 2020년 2월 15일
1판 1쇄 발행 _ 2020년 2월 20일

지은이 _ 이강
펴낸이 _ 이형규
펴낸곳 _ 쿰란출판사

주소 _ 서울특별시 종로구 이화장길 6
편집부 _ 745-1007, 745-1301~2, 747-1212, 743-1300
영업부 _ 747-1004, FAX 745-8490
본사평생전화번호 _ 0502-756-1004
홈페이지 _ http://www.qumran.co.kr
E-mail _ qrbooks@gmail.com / qrbooks@daum.net
한글인터넷주소 _ 쿰란, 쿰란출판사
페이스북 _ www.facebook.com/qumranpeople
인스타그램 _ www.instagram.com/qrbooks
등록 _ 제1-670호(1988.2.27)
책임교열 _ 오완·신영미

© 이강 2020 ISBN 979-11-6143-339-4 03230

책값은 뒤표지에 있습니다.
이 출판물은 저작권법에 의해 보호를 받는 저작물이므로 무단 복제할 수 없습니다.
파본(破本)은 구입처에서 교환해 드립니다.